宮本常一の風景をあるく

周防大島諸島

周防大島文化交流センター編

みずのわ出版

はじめに

二〇一七年は民俗学者・宮本常一《つねいち》の生誕一一〇周年にあたる。本書は、この節目の年に完結を迎える宮本の故郷・周防大島町誕生・周防大島文化交流センター開館一〇周年を迎えた二〇一四年にスタートし、これまでに「東和」「久賀・橘・大島」の二巻を刊行してきた。

最終巻にあたる今回は、周防大島町に属する周辺の島々を取り上げる。現在、周防大島町を構成する属島は三〇あり、このうち有人島は東から順に情島《なさけじま》・沖家室島《おきかむろじま》・浮島《うかしま》・前島《まえじま》・笠佐島《かささじま》の五つである。その他、一見何の変哲もないようにみえる島にも、歴史を紐解けば、ひと昔前まで人が暮らしていた島、塩を作るための燃料である薪を得るために利用された島、戦後の食糧難の時代に畑が拓かれた島など、大島で暮らす人々の生活と密接な結びつきを持ちながら独自の歩みを辿ってきた島も多い。宮本はそれら一つひとつの島に思いをはせながら、度々これらの島に渡り、その景観やそこに暮らす人たちの営みを記録し続けてきた。

そこで、本書では宮本撮影写真の残存状況を考慮したうえで「I　情島」「II　沖家室島」「III　浮島」で分類し、島それぞれの変遷やそこに暮らす人々の暮らしぶりがうかがえるよう写真をセレクトした。

「I　情島」には、伊ノ浦《いのうら》・大畑《おおばた》・本浦《ほんうら》・仏ノ浦《ほとけのうら》の各集落の家並みや港を中心とした海沿いの景観をはじめ、集落を結ぶ道、急斜面に拓かれた段々畑、島周辺の好漁場である瀬戸などを写した写真を収録した。

「II　沖家室島」では、「一本釣り漁の島」として発展してきた島の個性を意識した。漁港や漁船・漁具はもちろん、漁を支えた造船、釣針作りなどの周辺産業、家並みや狭い路地などの漁村的な景観、島民の心の拠り所となった神社仏閣、小中学校、嶺松や井戸といった島の生活文化をうかがわせる写真も取り上げた。

「Ⅲ　浮島」には、イワシの天日干しが印象的なイリコ産業や採石業といった島の暮らしを支えた基幹産業を中心に、集落の景観や農地、さらには、そこで暮らす女性や子供たちを捉えた写真も掲載している。

その他、写真点数こそ少ないが、先の三島と同じく周防大島と歩みをともにしてきた前島・笠佐島・立島《たつしま》などの周辺諸島を写した写真を「小さな島々の歴史」と題したコラムと併せて別にまとめた。

さらに、これらの写真をより深く読み解くための補助線になればと、先述の「小さな島々の歴史」を含む五本のコラムを収録した。髙木泰伸・山根一史・徳毛敦洋三氏のコラムには、実際に現地を訪れた者ならではの島への視点が盛り込まれている。森本孝氏は、宮本没後の昭和五六年（一九八一）七月から六〇年にかけて行われた沖家室島の漁業調査に深く携わられた方である。コラムでは当時のエピソードなどを織り交ぜながら、調査の経緯や手法、島での経験等についてご紹介いただいた。

巻末には付録として米軍や国土地理院が撮影した情島・沖家室島・浮島・笠佐島の航空写真を収録した。年代の異なる同じ島の写真四点をできる限り同じアングルになるよう配置している。耕作地を中心とする土地利用や埋め立てによる海岸線の変化などから、一つの島の変遷を感じとってほしい。

なお、言うまでもなく今回取り上げた写真は、当館が所蔵する宮本常一撮影写真の一部にすぎない。本書をご覧になられて宮本写真に興味を持たれた方は、ぜひ、当館まで足をお運びいただき、本書に未収録の写真にも目を通していただければ幸いである。

宮本が島々の生活文化に関心をもったのは、本書のコラムで指摘しているように幼少期の体験と深く結びついているが、師である渋沢敬三の影響も大きかった。昭和一二年にアチック・ミューゼアムの仲間たちとともに東瀬戸内海をめぐった時のことを、宮本は次のように記している。

そのとき、おなじように浮んでいる島の一つ一つの性格がちがい、漁具漁法までまるで違っていたり、また漁場問題がいろいろからんでいる事情をきいて（渋沢）先生は、「この複雑なものをときほぐして体系をたてて見ていくことはむずかしいことだが大変重要なことでもある。これは内海に住む人の手によってやるべきことで、君の生涯の仕事にやって見るとよいのではないか」と言われた。

（『瀬戸内海の研究（一）』未來社、一九六五年、七一四頁）

宮本にとってこの旅は、瀬戸内の島々の生活文化の多様性に気づき、渋沢から生涯にわたって取り組むべき研究テーマを与えられた忘れがたいものとなった。宮本がこれまで漠然と向き合ってきた自分を育んだ瀬戸内地域を強烈に意識し、それぞれの島の暮らしぶりに注意深く目を向けるようになったのは恐らくこの時からではないだろうか。この時の経験こそが、のちに博士論文『瀬戸内海の研究（一）』を生み出し、宮本に「私の本来の仕事は、やはり瀬戸内海の問題ととりくむことである」（『私の日本地図④　広島湾付近』未來社、二〇一四年、二七七頁）と言わしめた所以ではないだろうか。

本書で取り上げた島々は瀬戸内のほんのひと握りの海域にすぎない。しかし、周防大島をとりまく島々を見ていくだけでも、集落の成立過程や土地利用の仕方、生業がそれぞれ異なっているのがわかる。この本を手に取られた方々にとって、本書が瀬戸内の島々が持つ多様性、歴史の味わい深さに目を向けていただくきっかけとなればこれにまさる喜びはない。

周防大島文化交流センター

宮本常一の風景をあるく　周防大島諸島◉目次

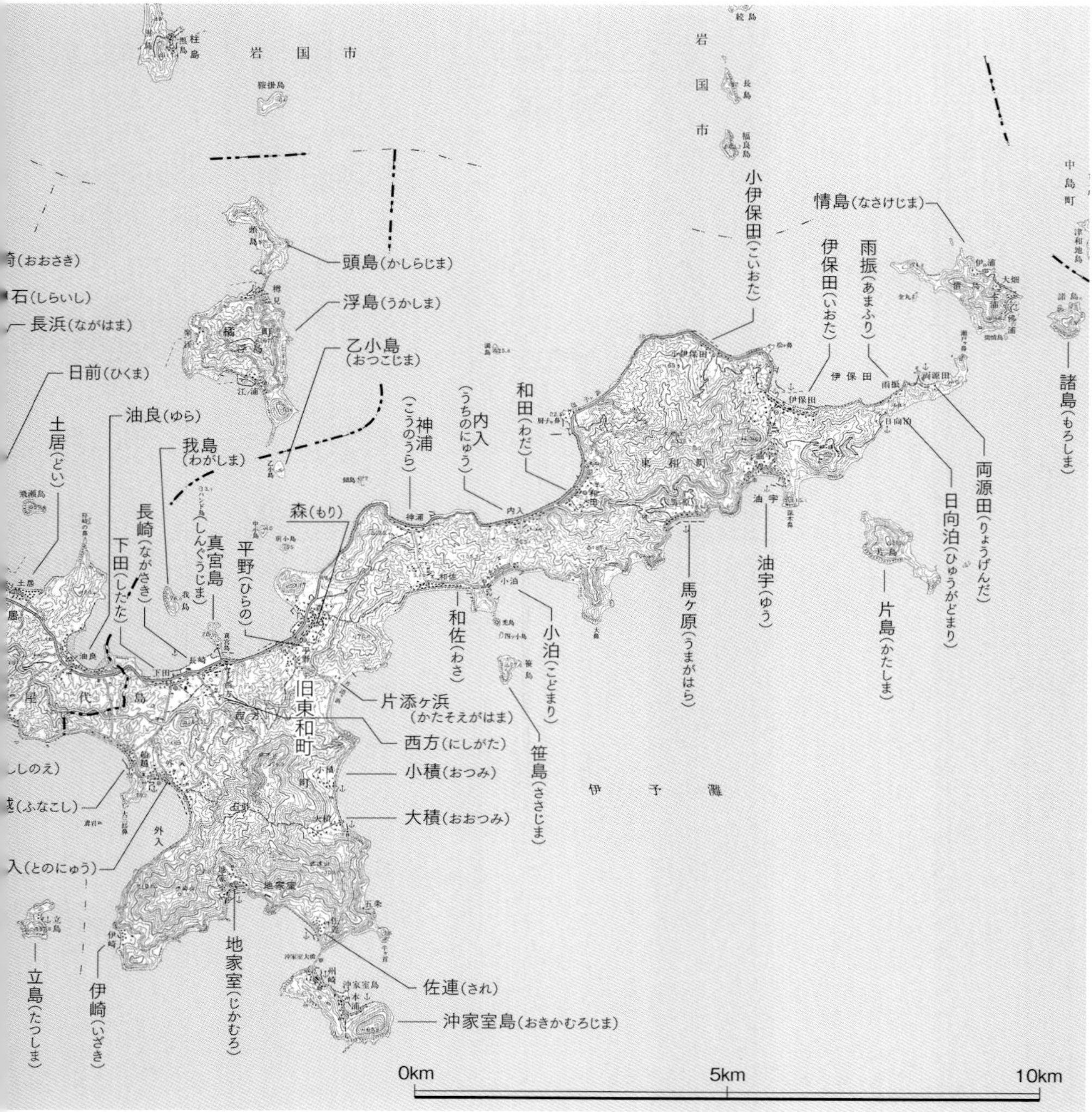

国土地理院発行5万分1地形図「柳井」「久賀」を結合、38％縮小（国土地理院長の承認を得て複製。承認番号　平28情複、第1278号）。この地図を第三者がさらに複製する場合には、国土地理院長の承認を得なければならない。

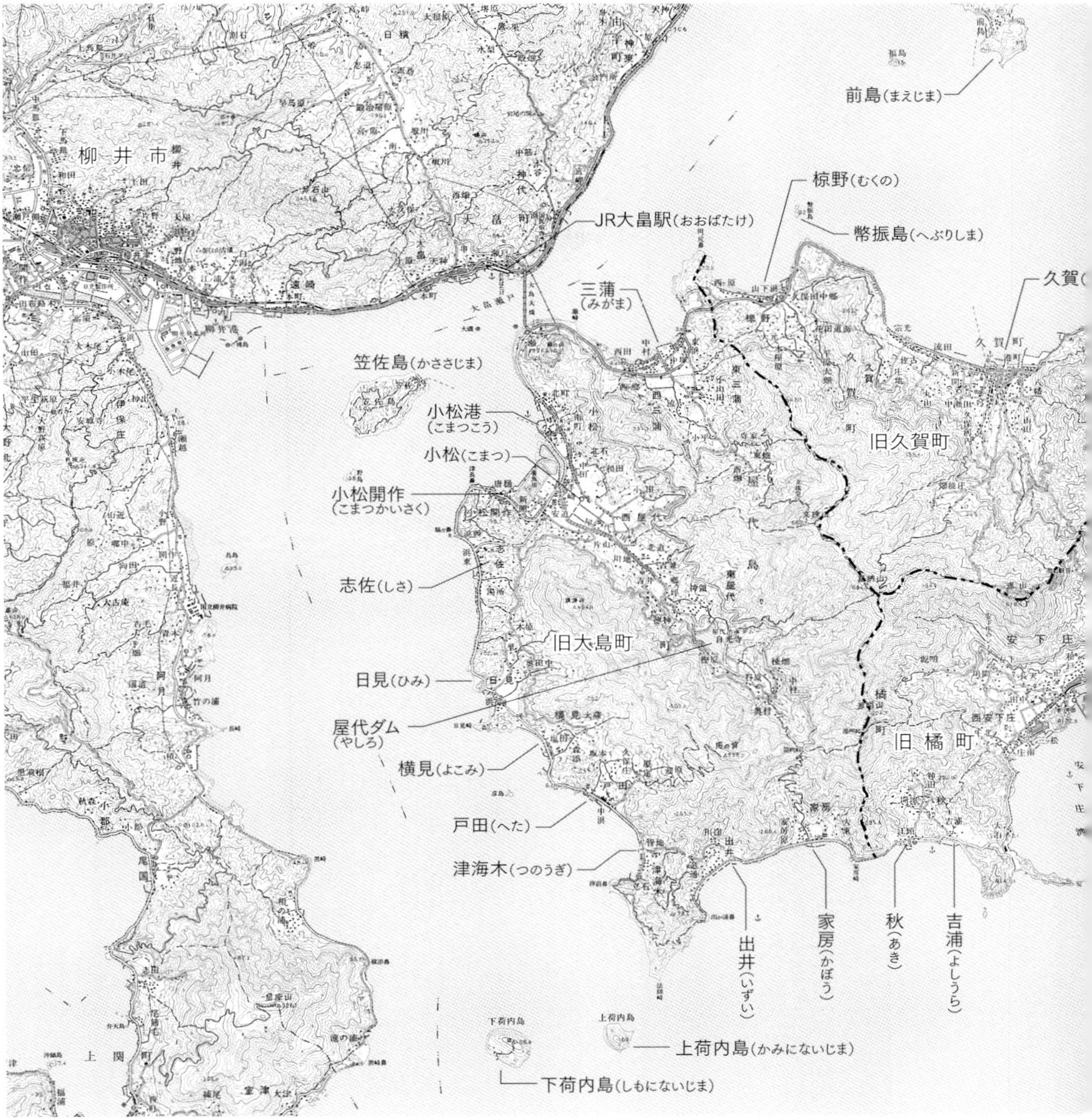
前島(まえじま)
柳井市
椋野(むくの)
JR大畠駅(おおばたけ)
幣振島(へぶりしま)
三蒲(みがま)
久賀
笠佐島(かささじま)
小松港(こまつこう)
小松(こまつ)
旧久賀町
小松開作(こまつかいさく)
志佐(しさ)
旧大島町
日見(ひみ)
屋代ダム(やしろ)
旧橘町
横見(よこみ)
戸田(へた)
津海木(つのうぎ)
出井(いずい)
家房(かぼう)
秋(あき)
吉浦(よしうら)
上荷内島(かみにないじま)
下荷内島(しもにないじま)

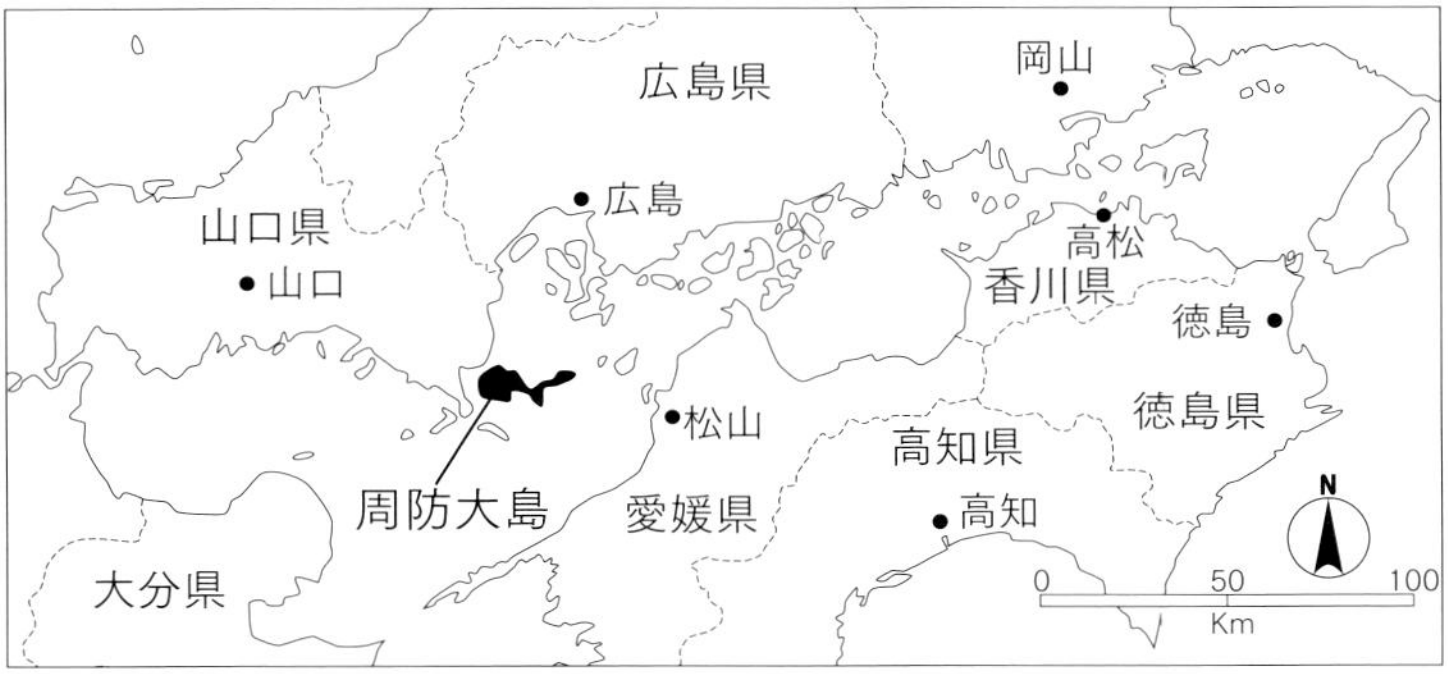
広島県
岡山
広島
山口県
高松
山口
香川県
徳島
松山
徳島県
高知県
周防大島
愛媛県
高知
N
0
50
100
Km
大分県

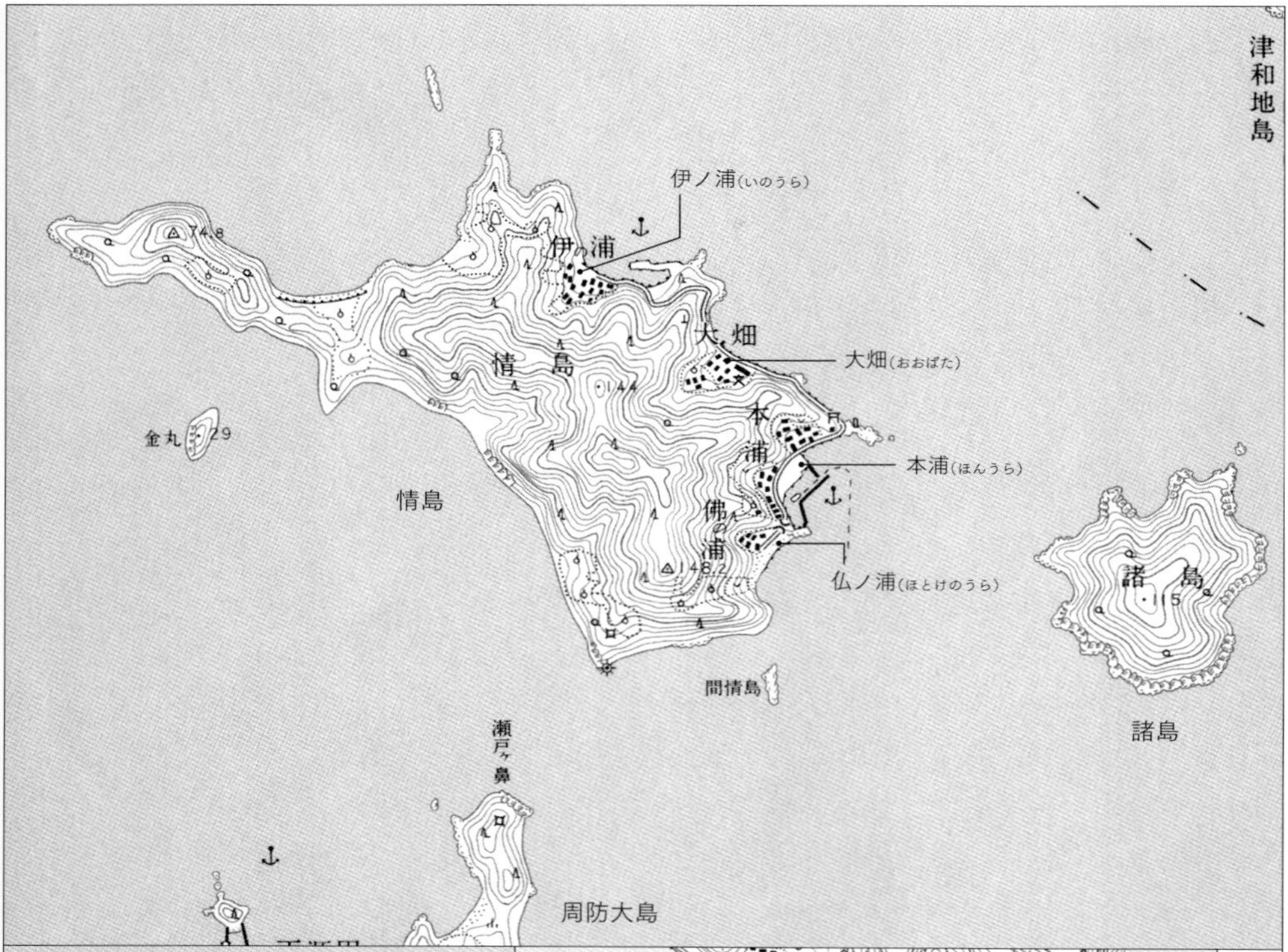
津和地島
伊ノ浦(いのうら)
伊の浦
大畑
大畑(おおばた)
情島
本浦
本浦(ほんうら)
佛浦
仏ノ浦(ほとけのうら)
金丸
諸島
間情島
瀬戸ヶ鼻
周防大島

情島

諸島

前島
前島
前島

前島

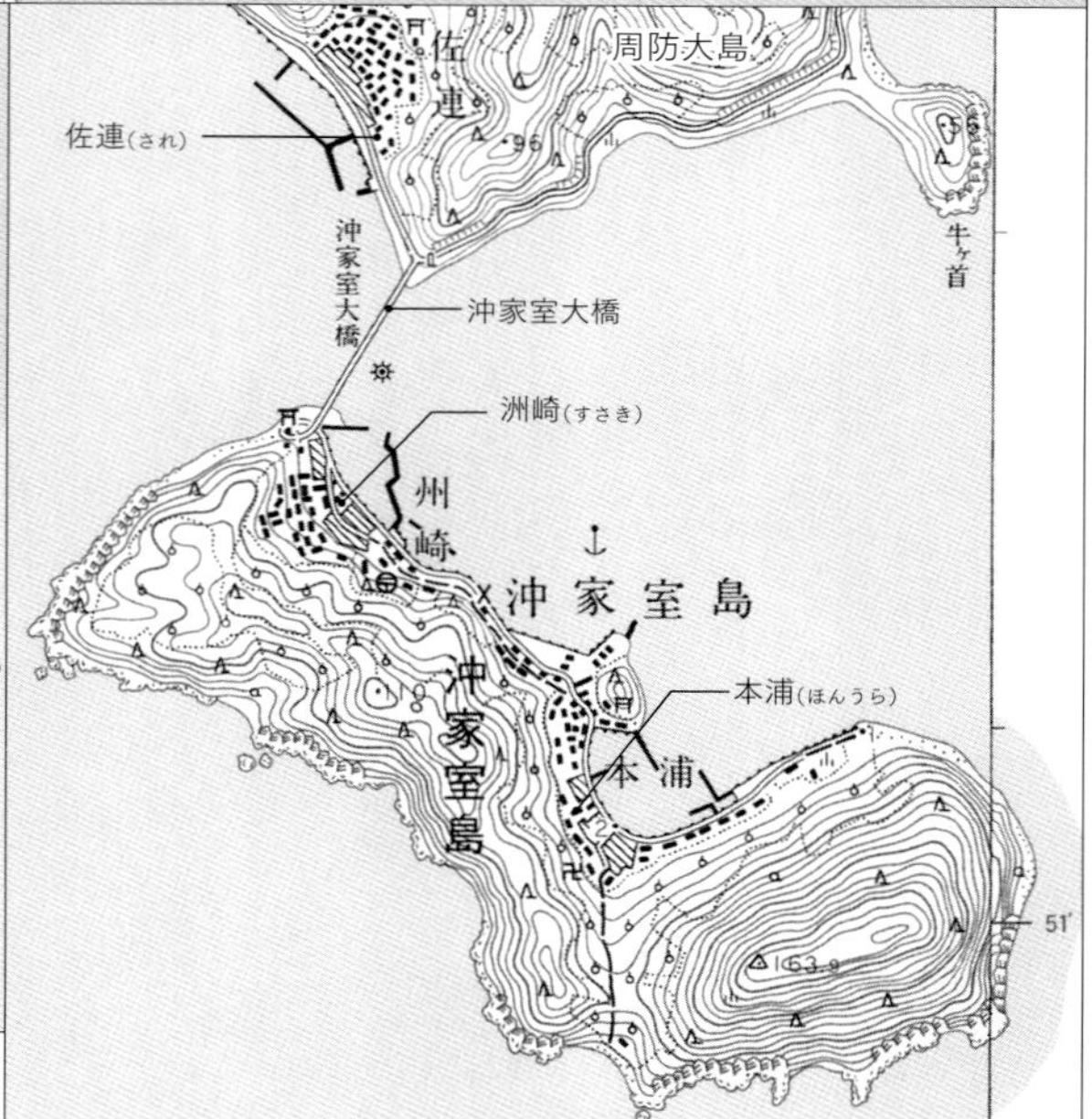
周防大島
佐連
佐連(され)
沖家室大橋
沖家室大橋
牛ヶ首
洲崎(すさき)
州崎
沖家室島
本浦(ほんうら)
本浦

沖家室島

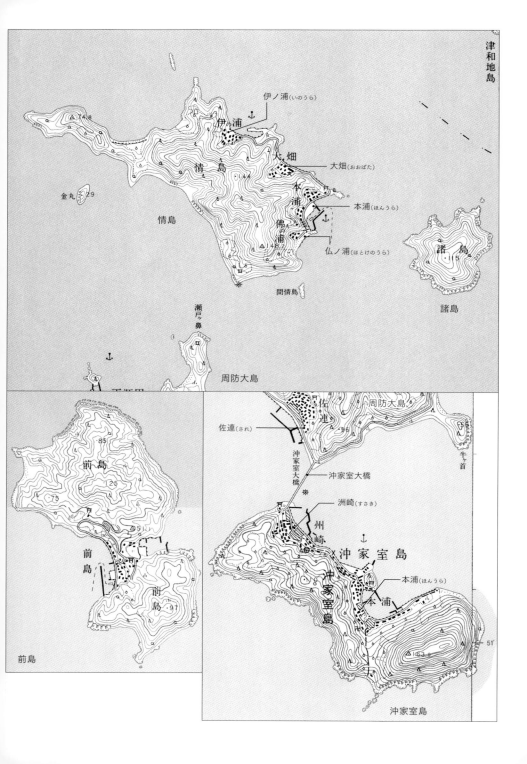

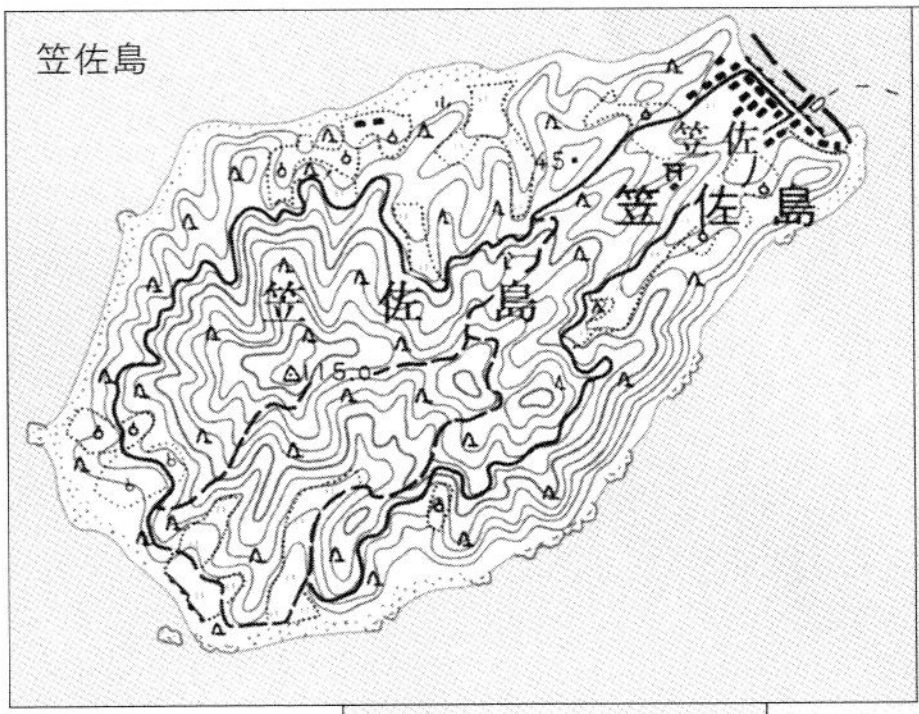

国土地理院発行2万5000分1地形図「大畠」「伊勢小島」「久賀」「安下庄」「伊保田」より、等倍スキャニングにて作成。地図上の4cmが1kmにあたる（国土地理院長の承認を得て複製。承認番号　平28情複、第1278号）。この地図を第三者がさらに複製する場合には、国土地理院長の承認を得なければならない。

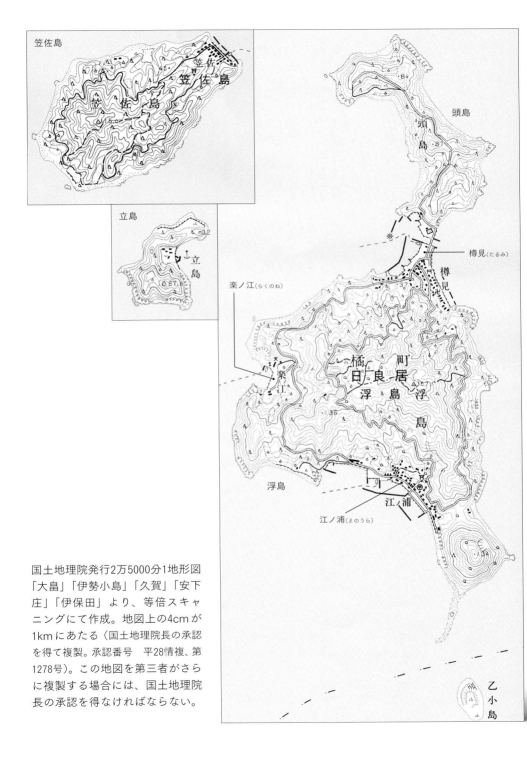

凡例

・本書掲載の写真は宮本常一撮影による（周防大島文化交流センター所蔵）。

・宮本撮影写真と関連する現在の様子を撮影した写真も適宜掲載した。髙木泰伸（周防大島文化交流センター学芸員）、山根一史（同）、徳毛敦洋（八幡生涯学習のむら学芸員）の撮影による。

・「東和町誌とその各論編の頃」の写真は、昭和五七―五八年、森本孝撮影である。

・「付録　空からみた島々の変遷」の写真は、国土地理院長の承認を得て、同院の空中写真及び米軍撮影の空中写真を複製したものである（承認番号　平二八情複、第一二七八号）。これを第三者がさらに複製する場合には、国土地理院長の承認を得なければならない。

・各地名は『東和町誌』（一九八二年）などを参考にしつつ、出来る限り地元での呼称を採用した。

・キャプション執筆は、「I　情島」「小さな島々の歴史」を髙木泰伸、「II　沖家室島」「III　浮島」を山根一史が担当した。

・宮本撮影写真の撮影年月日の確定は、山根一史が担当した。宮本常一著・毎日新聞社編『宮本常一写真・日記集成』（毎日新聞社、二〇〇五年）および、周防大島文化交流センター所蔵の宮本写真資料コンタクトシート、宮本作成の写真ノートなどをもとに日付を特定した。撮影年月日のSは昭和、Hは平成を表す。

・宮本撮影写真のネガスキャン・調整は㈱山田写真製版所が行った。

＊キャプションの執筆に際して、主として以下の書籍を参考文献とした。

・宮本常一・岡本定『東和町誌』（東和町、一九八二年）

・宮本常一『私の日本地図⑨　周防大島』（未來社、二〇〇八年　＊初出は同友館、一九七一年）

・香月洋一郎『むらの成立』（東和町誌各論編第一巻、東和町、一九八六年）

・須藤護『集落と住居』（東和町誌各論編第二巻、東和町、一九八六年）

・森本孝『漁業誌』（東和町誌各論編第三巻、東和町、一九八六年）

・森本孝・須藤護・新山玄雄『沖家室　瀬戸内海の釣漁の島』（あるくみるきく195復刻、みずのわ出版、二〇〇六年）

・梶田清七『わたしの浮島風土記』（私家版、二〇〇九年）

情の瀬戸と諸島。S34.8.27-28

I
情島

上＝釣り船。情島の周辺の海はタイやハマチの好漁場で、一本釣り漁が発達した。また遊漁船も多く、かつては島に船宿もあった。S34.8.29-30／右中＝潮流の速い情の瀬戸。櫓漕ぎ舟の時代には潮のとまる頃をみてこの瀬戸を渡ったという。S34.4.20-21／左＝情島の周囲は岩礁になっていることが多く、その岬には松があった。S34.8.27-28／右下＝島の南東に位置する仏ノ浦の集落。背後に段畑、前には砂浜が広がる。S39.10.3

上＝船上から本浦の北側の家並みをみる。海には魚を活かしておくための生簀がある。尾根は松並木で、右端は情島神社の社叢になっている。松葉はコッパといい、焚き付けなどに使われた。コッパを掻き集めるのは主に女性の仕事であったという。S34.8.27-28／右＝防潮堤が据えられる前の海岸道。本浦。S34.4.20-21／左＝家々が密集する本浦の路地。石を積んで傾斜地に家を建てる。中央には井戸がある。S36.2.16

上＝本浦と仏ノ浦の間の岬。この岬にトンネルができる以前は尾根道が集落と集落を繋いでいた。尾根には防風防潮のための松が植えられていたが、戦後にマツクイムシが大量発生したため、パルプ材として売ったという。S34.4.20-21／右中＝本浦の海岸通り。現在は埋め立てが進み港や桟橋が整備されている。S36.2.16／左＝情島（蛭子）神社は、本浦の北側の岬の丘に祀られている。S34.8.27-28／右下＝動力をつけた漁船。ハエナワの道具を積んでいる。S34.8.27-28

上＝本浦の港には漁船が係留され、生簀が陸揚げされている。S39.10.3／下＝現在の港。H28.8

上＝瓦屋根がつづく本浦の家並み。情島のなかでも最も戸数があって、旧家の多くも本浦に居住していた。集落の目の前の諸島とのミルガ瀬戸は古くからタイやハマチの好漁場になっていて、現在も多くの漁船が出漁している。S34.4.20-21／右中＝道がつけられる前の海岸線の石積み。この後、さらに埋め立てが進む。S34.4.20-21／左＝風の強い情島では、屋根に綱を通して瓦が飛ぶのを防ぐ家があった。S39.10.3／右下＝本浦の中心部にある共同井戸。S34.4.20-21

上＝大畑の集落。畑にはムギが植えられている。大畑は島の中では水に恵まれたところで、わずかながら水田も作られていたという。対岸に見えるのは忽那諸島の一つ、愛媛県の津和地島。S36.2.16／右＝大畑にある情島小中学校。S36.2.16／左中＝家庭に恵まれない子供たちのために建てられた児童養護施設、あけぼの寮。S36.2.16／左下＝大畑の海に遊ぶ子供たち。S34.8.29-30

上＝情島の北東に位置する伊ノ浦の集落。海岸には砂浜が広がっている。集落の背後に段々畑を拓き、主にムギやサツマイモを作っていた。情島は男性が漁に出て、女性が農地を耕すという、いわゆる「男漁女耕」の島であった。S39.10.3／左上＝伊ノ浦の集落を上空からみる。手前が大畑の集落で、その上に港の防波堤がみえる。S41.12.23／左中＝石積みの防波堤がある伊ノ浦の港。台風の時などには風を避けるために、本浦からも船をまわして係留していたという。現在は港湾整備が進み、コンクリートの防波堤が出来ている。S34.4.20-21／左下＝大畑と伊ノ浦の集落をつなぐ崖沿いの細い道。現在は拡幅されている。S34.8.27-28

上＝伊ノ浦の段々畑。一枚一枚の畑の面積は狭い。伊ノ浦は四つの集落のなかで最も畑地が多い。段々畑の美しい縞模様から、先祖代々にわたって急傾斜地を開墾し、耕してきた人びとの苦労が偲ばれる。／右中＝サツマイモ畑。ほとんどの畑では、夏作にサツマイモ、冬作にムギを栽培していた。／右下＝海岸につづく段畑。急峻な土地を拓いて畑にする。／左＝島からは四国を望むことができる。左手から情島の段畑、中央に由利島、右手は大島東端。＊全てS34.8.27-28撮影

上＝空からみた諸島。段畑の跡がみえる。S41.12.23／下＝情島からみた諸島。S34.8.27-28

宮本常一と情島

高木泰伸

情島の調査

周防大島東端の伊保田《いおた》から定期便で結ばれた情島《なさけじま》は広島・愛媛と県境を接しており、情島小中学校の校舎からは、松山市に属する津和地島《つわじしま》の段々畑がよく見える。この津和地島との瀬戸、周防大島の東端との瀬戸は古くから高級魚のタイなどが獲れる好漁場であった。

もともと伊保田や油宇《ゆう》などの人が薪や草を採集する島として利用しており、それが江戸時代の寛文一二年（一六七二）には伊保田の人びとが渡ってきて島を開発した。それが集落の形成された最初だといわれている（須藤護『集落と住居』東和町誌各論編二、一九八六年）。

海上交通が盛んだった時代には、愛媛・広島方面から周防大島へ、タイやハマチを狙う漁船を見ながら航行する定期船も多かったという。宮本常一も情島の沖合をしばしば航行しており、昭和二六年（一九五一）に忽那《くつな》諸島をめぐった帰りには「情島目の前にあり、故里近し」（昭和二六年一二月一八日）と『日記』に記しているように、帰郷の念を感じる目印だったのかもしれない（『宮本常一写真・日記集成』毎日新聞社、二〇〇五年、以下『日記』）。

さて、本稿では宮本常一が情島に対してどのような思いを抱いていたかを概観し、写真が撮影された背景を考えてみたい。

はじめて宮本が情島へ渡ったのは昭和三四年四月二〇日である。情島には、本浦《ほんうら》・仏ノ浦《ほとけのうら》・大畑《おおばた》・伊《い》ノ浦《のうら》の四つの集落があり、昭和三四年当時には漁業を主な生業として、九四世帯が暮らしていた。

この時の渡島は、離島振興法の指定地域の実態を調査するためのもので、情島小学校へ校長として赴任していた岡本定《さだむ》氏の案内で島内をめぐっている。そして、同日は夜遅くまで島民から島の実情について話を聞いている。

離島振興法は、昭和二八年に議員立法によって成立し、指定地域には、港湾や道路など主にインフラ整備に対し、高率の国庫補助が充てられるようになっていた。宮本常一もこの法律制定に尽力した一人で、制定後も全国離島振興協議会の事務に携わりつつ、島々をめぐり、地域に寄り添いながら島嶼の振興を思索しつづけた。

情島は、昭和三二年八月に浮島《うかしま》、片島《かたしま》、水無瀬島《みなせじま》等とともに振興地域に加えられ、当時は具体的な振興策が模索されていた。

宮本は翌二一日の早朝には定期便で伊保田へと戻っているが、『日記』には「朝早くおきて七時まえに出る渡船へのる。これ一回しかないのである」と記しており、島への往来の不便さを実感したのだろう。帰路には町長・助役と面談しているので、その対策についても協議したと思われる。

ちなみに、島を一緒にめぐった岡本氏は、故郷周防大島の民俗・歴史研究を共にしており、後年には『東和町誌』の調査・執筆にも携わる人物である。

この時の見聞をもとに執筆された「怒りの孤島」に生きる人々――山口県大島郡情島」は、早速同年七月に発行の全国離島振興協議会の機関誌『しま』第一七号に掲載された。そして昭和三五年に未來社より刊行された『日本の離島』に収録され（後に『宮本常一著作集』第四巻に再録）、宮本は同書によって日本エッセイストクラブ賞を受賞している。

同三四年八月にも再び情島へ渡り、愛媛側の怒和《ぬわ》島《じま》・津和地島《つわじしま》・二神島《ふたがみじま》・由利島《ゆりじま》、さらに広島側の鹿《か》島《しま》・横島《よこしま》をめぐっている。

これら二回にわたる調査での知見を、『離島振興実態調査報告書　一』（全国離島振興協議会、昭和三五年二月）としてまとめ、島の歴史的変遷、人口動態・産業構造といった実情と各島の抱える諸課題を報告した。さらに宮本は同書において、(1)これらの島々が県域を越えて相互に連携した振興策を検討して政治的末端性から脱却すること、(2)島嶼ごとの交通体系の整備、(3)観光振興と生産基盤の拡充にむけた投資、(4)島民の教育・保健の振興（特に育英機関の設立）などの施策がとられるべきだと提言をしている。

この後、宮本は昭和三六年二月には情島の将来を考える講演を行うために同地を訪ね、昭和三九年一〇月にも渡島し整備がすすむ学校や道路の様子を見て、さらに昭和四一年一二月にはヘリコプターで上空から島を写真に撮っている。本書掲載の写真は、いずれもこれらの調査時に撮影されたものである。

情島へのまなざし

宮本は島嶼地域を調査する人に様々なアドバイスをしていたようで、情島を訪ねる人にもいろいろな情報を提供していたことが推測される。『日記』に記されているだけでも、「毎日ニュースからデンワ。情島を写真にとりにいきたいという。かいつまんではなしておく」（昭和三五年二月二日）や、「東大の大塚、武田、二君、情島のことについてききに来る」（昭和四三年九月一九日）の記事を散見できる。

また、先述のように島の振興に一方ならぬ思いがあり、「(東和)町長来る。情島へ二一日知事の来ること、沖家室の水道のことなどきく」（昭和三五年六月一七日）、「東和町役場へいき岡本（定）君と（東和）町長と三人で情島の問題ではなしあう」（昭和三六年二月一五日)、「リトウ(全国離島振興協議会)へいく。山口県庁の人と愛媛の吉田氏来ている。情島の航路のことについてはなす」(昭和三六年六月一五日)と『日記』に見られ、詳細は不明であるが、事あるごとに持論を述べて島民の暮らしが少しでも良くなるように行動していたことが推察される。

このように宮本が情島へ思いを寄せるのは、知己である岡本定氏が赴任していただけではなかった。「離島民が離島性を意識しないようになるまで、本土の人が離島のことを思い出しもせず、忘れもしないようにまでにしたいものである」(『宮本常一離島論集』第一巻、みずのわ出版、二〇〇九年、一六六頁)と記しているように、「離島性」の除去、すなわち島であることに対する島人たちのコンプレックスと、島外者の差別意識を取り除いていくことに強い使命感があったからであろう。

特に情島は、昭和二〇年代に梶子の慣行をめぐり、表層だけを取材したマスメディアによって島のイメージが随分と損なわれて、人びとが心を痛めるようなことがあった。また映画「怒りの孤島」によって間違った認識が世に伝わることへも、宮本は憤りを感じていた。

映画「怒りの孤島」に対して宮本は、「この映画をとった監督もまたシナリオを書いた女史も島を訪れている。作品ではヒューマニズムをうたっているが、シナリオ女史が島を訪ねたとき、梶子たちに「東京へかえったら本をどっさり送ってやろう」と約束したそうであるが、本は一冊も島には届かなかった。もっといけなったことは、「怒りの孤島」のはじめに、この映画は瀬戸内海の島でおこなわれた事実を描いたものであると記していたが、この映画をみた梶子たちが、「あれはみんなウソや」と失望したことである。描かれた事実に差はあっても、梶子たちにもっと共鳴をよぶものがあってよかったのではないかと思われるが、芸術というものは、その描くものの眼を通して再現せられるもので事実とは縁遠くなることが少なくない」（『離島の旅』人物往来社、一九六四年、一三八頁）と、手厳しい批評を下している。

梶子の慣行をめぐる問題は、宮本の前掲書にあり、また『山口県史』史料編・現代五（山口県、二〇一七年）にも関係資料が収録されているので詳述しないが、一本釣りを生業として発達したこの地にあって、子供のころから操船技術をおぼえ、また海の怖さを知り、暮らしを立てる術を習得するという面や、他所の子を自分の子と同じように接して一人前に育てるという側面を看過し、現代的な感覚によってのみ、その慣行を断罪するような言論に宮本は違和感を覚えていた。

そして何よりも、舟を漕ぎ釣糸を手繰り、網をひき、畑を拓き、ムギを植えイモを収穫して、暮らしを立ててきた人びとが、将来にわたって穏やかな生活を続けるための方法を、まさに地元の人たちと一緒になって考えていた。それが一時の偏った認識からの注目によって損なわれることがあってはならないと宮本は感じたのではないだろうか。そのような思いがあったからこそ、取材や調査で島を訪ねる人の相談にも応じていたのだろう。

吉村昭の小説「鯛の島」（『脱出』新潮社、一九八二年所収、初出一九八一年）は、この情島をモデルにしたものだが、島に生まれた青年の目を通してその暮らしぶりが随所に描かれており、吉村も宮本の著作に目を通していたのではないかと考えてみたくもなる。

情島の写真を片手に

宮本常一が情島で撮った写真は約一〇〇点あり、情島中学校では、数年前に総合的な学習の時間を利用して、それらの写真を使った地域学習を行い、私も外部講師として授業に参加した。

授業は、①宮本常一の人となりと写真の概要、②聞き取り調査、③現地調査、④パネルづくり／写真スライドづくり、各二時間ずつの全四回を行った。

聞き取り調査では、地元の東野敏彦さんに来ていただき、宮本写真を見ながら解説をしていただいた。東野さんは、児童福祉施設あけぼの寮に勤められ、第一線から退かれた後も児童・生徒たちをいつも心にかけて接してこられた。生徒たちの質問にも丁寧に答えられる姿が印象的だった。

生徒たちは、いつもとは違う授業に戸惑いながらも、机から離れた現地調査では宮本写真が撮影された場所を見つけて「ここだ、ここだ」と興奮してカメラのシャッターを切っていた。普段とは別の視点で自分たちの足元をみることが出来たようだった。学習の成果をまとめた写真パネルやスライドショーは文化祭で展示された。

私自身も生徒のみなさんと地元の方から話を聞いて島をめぐったことで、教えられることが多かった。その後、より多くの人に宮本写真を見てもらいたいとの話があり、老人クラブの集会にも参加させていただき、写真についての話を聞かせていただくことができた。本書に掲載した写真のキャプション執筆にもこれらの機会に伺った話が大いに参考になった。

さて、実際に宮本写真をみると島内の道や港、農地や漁船、学校、共同井戸などに目が向いているのがわかる。宮本は「島には四つの部落がある。島をつなぐのはほんの小さな道である。まず道をよくすることからはじめなければならぬ。それに水を十分に使えるような工夫もしなければならぬ」(『私の日本地図⑨　周防大島』未來社、二〇〇八年、二五六―二五七頁)と記している。島内の狭い道が振興の上でまさに隘路となっていること、そして水道の敷設が必要であることを宮本は痛感したようである。

かつては二一頁下のような細い崖沿いの道や尾根道が集落を繋いでおり、海岸には防潮堤もなく、夜道を帰った人が海へ転落したこともあったという。

小学校で教鞭をとった経験をもつ宮本は、悪路を通学する子供たちの苦労に思いをはせながら、種々の課題解決のためには島民たちが意見交換できるような集まりを持つべきで、そのためにも「夜分でも歩くことのできる道も必要になる。荷車の通る農道もあっていい」(前掲『離島振興実態調査報告書』一、六四頁)と指摘した。

また、情島に限らず周防大島では水不足に見舞われることが時々あって、そんな思い出を語ってくれる古老も少なくない。宮本もまた水に悩む島民たちの思いを経験した一人であった。一八頁右下の共同井戸の写真などは宮本のそんな思いが透けてみえる。

現在は水道もひかれて水不足で悩むようなこともなくなった。道も整備されてリヤカーや手押車が荷物の運搬に利用される光景を目にするし、自転車で移動するお年寄りも見かける。

本浦から大畑へ向かう道もきれいに整備され、戦後の食糧難の時代に島民たちが出耕作に通ったという諸島(二三頁)を望む岬がある。

そこに現在は海難事故の犠牲者の慰霊碑が建立されている。昭和五一年七月二日、情島の沖合を航行中のフェリー「ふたば」が貨物船と衝突する事故が起こった。情島の人たちはいち早く救助に漁船を出し、多くの人命が救われた。この事故が起きたのは、大島大橋開通に湧く前夜のことであった。情島の人たちは、献身的な救助行為を誇るでもなく、当たり前のこととして行ったという。

この話を聞いた時、まさに宮本が語る誠実な瀬戸内漁民の姿を見たような気がした。海と共に生きる人々の暮らしをみつめながら、その誠実な生き方が生活の豊かさへとつながるような道を探りつづけること、それが宮本のライフワークだった。

宮本の写真は、そのライフワークのなかで集積されていったものなのである。当時としては何の珍しさもない写真には、ライフワークのなかで宮本が地域に注いだまなざしが刻まれている。写真は当時を物語る資料として重要な意味をもち、そしてカメラを覗き込む宮本のまなざしには誰もが共感できる普遍の意味があると感じている。

漁の合間に談笑する漁師。洲崎。S43.8.23

II 沖家室島

上＝沖家室島の全景。伝承によれば、17世紀初頭、伊予の大名・河野氏の滅亡にともない、その家臣たちが無人となっていたこの島に移り住んできたという。島内には本浦（中央）と洲崎（右手）の二つの集落がある。S47.4.1／下＝船上より洲崎の集落を望む。江戸期、この地には長州藩の御船蔵や番所が置かれ、瀬戸内海交通の要衝として発展した。S40.8.12

山手から望む洲崎の家並み。瓦屋根の民家が所狭しと立ち並ぶ。S43.3.26

上＝渡船の待合所。現在、この建物はバスの待合所として利用されている。洲崎。S54.6／右＝洲崎より家室の瀬戸を望む。写真中央には灯台、その背後には牛ヶ首の岬も見える。昭和58年3月、この瀬戸に島民の長年の悲願であった沖家室大橋が架かる。S54.12／左＝対岸の佐連と洲崎を結ぶ町営渡船「せと丸」。昭和58年に沖家室大橋が出来るまで、この船が島民にとって大島本島へ渡る唯一の足であった。S43.3.26

上＝石積みの波止に囲まれた洲崎港。この波止は洲崎が漁村として発展するのに従い、文化年間（1804-1818）に築かれ、その後二度にわたって拡張された。S54.12／右＝木造の釣舟。船上で作業する漁師のかたわらには一本釣りに使用するカセ（釣糸を巻きつける木製の枠）も見える。S43.8.23／左＝漁船で賑わう水無瀬の瀬戸。島の南の沖合には千貝瀬、大水無瀬島、小水無瀬島などの好漁場が広がる。S54.12

上＝コンクリート護岸が施された洲崎の港。左手奥は雁木という階段状の船着場で、潮の干満にかかわらず船を係留できる。港湾設備が不十分だった時代、台風などで海が荒れる時には対岸の佐連からこの港に避難する船もあった。S43.3.26／右＝海辺に置かれた木桶。右手ではイカを天日に晒している。本浦。S40.8.12／左中＝木製の生簀。右手と左手では材質が異なる。S43.8.23／左下＝延縄カゴ。洲崎。S47.4.1

上＝本浦にあった造船所。近世以降、一本釣り漁が盛んになった沖家室島では釣舟の需要も多く、造船業が発達した。S54.12／右中＝船材が建てかけられた造船所。洲崎。S43.8.23／右下＝「家室針」を製作する釣屋。大正期に播磨や阿波から来た職人によって島に釣針製作の技術がもたらされた。S43.8.23／左＝洲崎港に停泊する豊島（広島県呉市）の漁船。瀬戸内ではしばしば県境を越えて活動する活発な漁民の姿が見られる。S43.3.26

木材を加工する船大工。島の釣舟「家室船」は彼らの手によって生み出された。洲崎。S43.8.23

密集した家々の間を縫うように走る集落の道。本浦。S47.4.1

上＝道幅の狭い洲崎の路地。道の両側には漁家や商家がひしめきあうように立ち並ぶ。同地は17世紀後半に阿波より伝えられた一本釣り漁をきっかけに、特に幕末から明治にかけて漁村として発展していった。S54.12／右＝石組みの枠を備えた共同井戸。昭和40年代に簡易水道が敷設されるまで水源の乏しい島の暮らしを支えた。S43.8.23／左＝洲崎にあった共同浴場「林湯」。小さな島だが、本浦、洲崎の集落ごとに風呂屋があり、島で生活する人々の日々の疲れを癒した。S54.6

本浦の家並み。この地には江戸期、参勤交代で江戸へ向かう九州諸藩の大名の本陣を務めた浄土宗寺院・泊清寺がある。S47.4.1

右頁＝右上＝民家の軒下に据えられた精霊棚。S43.8.23／右下＝盆踊りの寄付者名を記した板。S43.8.23／左＝本浦の旧家。S54.6
左頁＝上・左中＝島民の厚い信仰を集めるフカ地蔵を祀るお堂と商人より寄進されたお地蔵様。本浦・泊清寺にて。S40.8.12／右・左下＝蛭子神社の境内にある狛犬と石灯籠。礎石には「高雄」「布哇」などの文字が見える。明治期以降、台湾やハワイなど海外の新天地に働き口を求めた島の人びとの進取性が伺える。本浦。S43.8.23

上＝しっかりと大地に根づいた見事な枝ぶりの松。島の尾根には防風林として松が植えられ、その葉（コッパ）は焚きつけや船たでなどに利用された。S43.3.26／右中＝洲崎の集落と嶺松。昭和40年代後半頃からマツクイムシの深刻な被害に遭い、次第に嶺松は島から姿を消していった。S43.3.26／右下＝蛭子神社の社叢。本浦。S40.8.12／左＝海上より島の南側を見る。島の山手では松が枯れている様子が伺える。S54.12

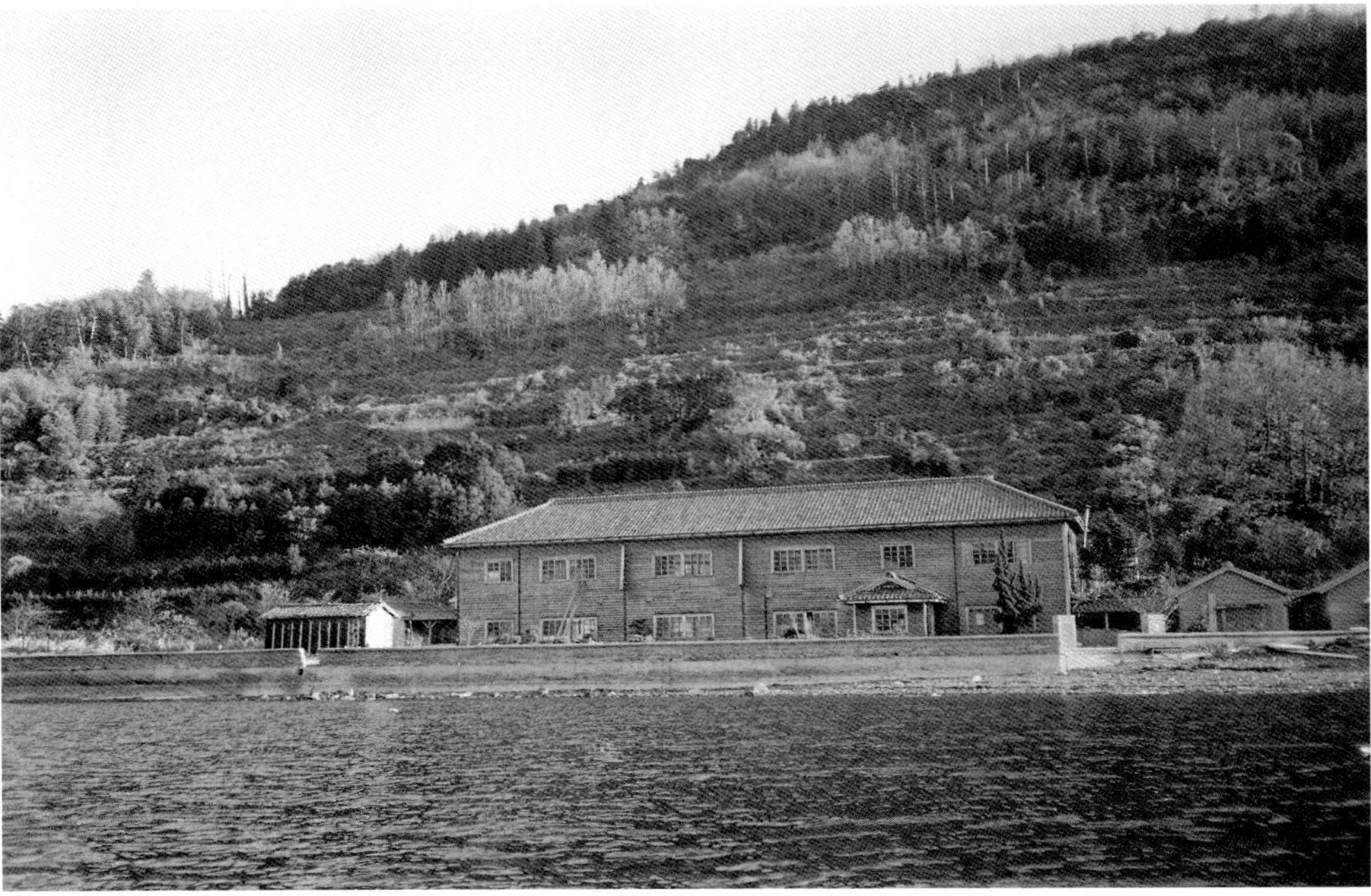

上＝沖家室小学校。S43.3.26／下＝旧沖家室中学校。S54.12　＊ともに本浦にて撮影

東和町誌とその各論編の頃

森本　孝

ビルの七階の一角にあった日本観光文化研究所（以下、観文研）で、私はこのような宮本常一所長の話を聞いていた。それは日本の伝統的な木造漁船や漁具、またこれから私が訪ねていくべき沿岸漁村についての個人講義の中でのことだった。沖家室は宮本先生が生まれ育った周防大島の旧東和町の属島のひとつである。阿波・堂の浦の話ついでに出た話だったが、私には強く印象に残る話だった。

さて、本書に掲載されている沖家室島の宮本写真は昭和四〇年代から五〇年代に撮影されたものである。その当時、宮本先生と友人の東和町の中学校校

「沖家室は江戸時代の初めは農業の島だったんじゃよ。江戸参府の途中に沖家室を見たオランダ人医師のケンペルが、四〇戸ほどの家が農業をやっていると書いている。それが貞享二年（一六八五）の頃、瀬戸内の一本釣りの先進地の阿波堂《どう》の浦《うら》の一本釣り漁を教わってからは、幕末のころには家室千軒と言われるほど漁師が増えて、瀬戸内随一の一本釣り漁村になったんじゃよ、どうじゃい、面白い島じゃろ」

昭和四八年（一九七三）の暮れも押し迫った師走のある日の夕方、東京は千代田区松永町の東京近鉄

長の岡本定《さだむ》氏の二人で東和町誌を編纂していたので、その調査のために島を訪れた際に撮影したものであろう。しかしもちろん、宮本先生の沖家室訪問が昭和四〇年代になって初めてであるはずがない。

宮本先生は大阪での小学校教員時代に結核を患い、昭和五年から故郷の生家で二年間の療養生活を過ごした。この療養の間に周防大島の村々を訪ね、伝説や民話の採集活動を行っている。先生の最初の著作となった昭和一一年発行の『周防大島を中心としたる海の生活誌』（アチックミューゼアム刊）には、沖家室島本浦《ほんうら》にある古刹泊清寺《はくせいじ》の境内に立つ鱶地蔵《ふかじぞう》にまつわる二つの伝説が紹介されているが、それはその療養生活の間に沖家室を訪ねて採集した話であろう。

また同著には「沖家室島漁業制度」という章がたてられ、島の概要や島の漁業の様子が紹介されている。刊行の前年、昭和一〇年の夏に沖家室を訪ねて漁師から聞いた話をまとめたものだ。それによると、沖家室島は、

「本浦《ほんうら》と洲崎《すさき》の二つに別れており、両浦の間にトンネルが一つある。わずかばかりの畑があるのみで、家の密集を見、道もわずかに四尺内外のせまいものである。家は一間《ま》ないし三間くらいの小さいものが多く」

「本籍戸数八二一戸を数えつつ、現住するは三七〇余戸にすぎない島」

「明治一三年（略）島民原勘次郎と中山辰之助が朝鮮近海に出漁して巨利を博したのがもとで、漸次出漁船を増すに至り、明治一七年には一一隻を数え、二五年にはシナ青島《チンタオ》近海に及び、明治二七、八年の戦役に台湾が我が有に帰するや、台湾まで出漁するに至った。これらの仲間を通常下行《しもゆ》きといった」

などと島の概要や、島の漁民たちが船団を組んで伊万里《いまり》や対馬《つしま》などの北部九州だけでなく、朝鮮近海や台湾などへの遠洋漁業に従事していること、そのため、島に残っている漁師は年寄りが多いといった事情や、島にはショウヌシという親方衆がいて、金

小水無瀬島の漁場に群れる一本釣漁船。

銭物品の貸し借り用立てを通して漁師と親方子方の関係を結び、子方の漁師が親方のショウヌシのダンベー（生簀）に魚を納めているといった漁撈慣習が語られている。

その沖家室島を私が訪ねることができたのは、宮本先生が急逝された昭和五六年一月から数か月を経た夏のことになった。目的も宮本先生に指示されていた伝統漁船や伝統漁具の保存と収集調査ではなく、宮本先生が逝去された時点ではまだ観文研で編集途上にあった『東和町誌』総論の各論編としての『漁業誌』の調査のためとなった。そのころの私は、二人目の子をもったこともあり、生活費用捻出のために新宿でエスノール企画という有限会社を友人と二人で設立運営していた。このため観文研に行くことや宮本先生に会う機会も少なくなっていた。だが私たちがその創刊号の雛型を制作し編集を行っていた日本商工会議所の機関誌『石垣』の三号に、宮本先生にエッセイの執筆を依頼していたこともあり、その原稿をいただきに観文研に出かけたところ、「次回の講義は中国の漁船や帆船について話すから聞きに来るように」と念を押された。やむを得ず私は先生の話を聞きにいったのだが、その直後の宮本先生の入院と、それからわずか数か月後の急逝であった。観文研から遠ざかりつつある私を宮本先生が気にかけていたのだと思うと、私には深い悔いが残った。東和町漁業誌調査と執筆への挑戦は、そうした私の悔いを込めた、私なりの宮本先生の弔いの調査のつもりだった。

昭和五六年七月、私は当時の東和町教育委員会の職員で今は亡き中野忠昭さんの車で、町内の浦々を巡った。夏の暑い日であったが、浦々に降り立つとどこでもさわやかな海風が心地良かった。中野忠昭さんは宮本先生が東和町で指導した民具収集メンバーの一人で、宮本先生による東和町誌の編纂補助だけでなく、宮本先生の指導下で郷土の未来のための自然条件や社会条件の調査を行っていた。宮本先生を慕う心も強く、宮本先生没後は、同僚の町職員の菊本雅喜さん（昭和二六年生れ）と二人で東和町誌各論編四冊の編集事務に携わるだけでなく、各論編完成後は宮本先生の著作、写真、蔵書を保存する今日の「周防大島文化交流センター」、通称「宮本常一記念館」の設立を、文字通り命をかけて推進した人である。旧東和町を訪ねたことのある観文研のメンバーで、この中野、菊本さんのコンビのお世話にならなかった人はいない。

その中野さんが東和町の浦々の中で最後に案内してくれたのが沖家室だった。江戸参府途上のシーボルトが上陸したという伝説が残る本島の牛ヶ首に車を停め、狭い海峡をはさんで目の前に浮かぶ沖家室を眺めつつ、中野さんが「今見えているのが洲崎です」と指さす先には、そう高くない山の斜面に階段状にびっしりと黒瓦の家々が建てこんでいる家並み

洲崎港に停泊中の渡船せと丸。

が見えた。

佐連《され》の波止場から中野さんの案内で渡船のせと丸で洲崎に渡った。しかし港に面した海岸の通りにも、山裾と海岸の間の家並みの間を通る細い道、通称往還道にも人影はなかった。後で調べると当時の島の人口はおよそ四〇〇人。六〇代以上の人口が六〇パーセント以上と、当時すでに町内一の高齢化の島になっていたのである。港には漁船が係留してあるが、いったいこの島に漁師がいるのだろうか、と不安を覚えた島への第一歩だった。


だが、この最初の訪問の後、沖家室の島内を丹念に巡ってみると、島のいたるところにこの島が一本釣り漁村として名をはせた名残を見つけてほっとしたものだった。たとえば洲崎の海岸集落を見下ろすやや小高い位置にある観音堂の石段には、この島の漁師がかつて馬関組《ばかんぐみ》、関組《せきぐみ》と称して船団を組んで下関方面に出漁していたことを示す次のような文字が刻まれていた。

関　八双組　大船頭　山田弥助
明治三〇年　八月吉日

また、本浦の蛭子《えびす》神社の境内にも馬関組一〇名の船頭名と四八名の船員の名前を刻んだ石碑があった。これは明治三二年（一八九九）に組員が蛭子神社の石段を寄付した記念だった。

九州の伊万里を基地に九州北部海域に出漁していた伊万里組の記念碑も残っていた。本浦の蛭子神社の下の海際に立つ御影石の大鳥居は明治三四年（一九〇一）に伊万里組が寄進したものだったし、本殿の拝殿の階段も大正八年（一九一九）四月に、伊万里組の大船頭の山本兼五郎、西村利吉他一三名が寄進したことを示す文字が刻まれていて、往時の沖家室の遠洋漁業の一端を伺い知ることができた。

それだけではない。これらのほかにも神社の玉垣や拝殿の壁には対馬《つしま》の浅藻《あざも》をはじめ伊万里、平戸、小倉などの北部九州だけでなく、台湾の基隆《キールン》や高雄《タカオ》、

漁の合間をぬって白エビ（釣餌）を引く網を繕う。

朝鮮半島各地、ハワイ諸島、北米など、沖家室から国内外へ移住した人々の寄進札が無数に掲げられていた。

私はまずこれら島内外の漁業の事績を探し筆写することや、旧東和町役場の勧業統計等の文献の調査から始めた。またこれと並行して、洲崎や本浦の漁師からの聞き取りにも着手した。当時の沖家室の漁業協同組合員数は七十数名、平均年齢も七〇歳を超えていた。すでに漁業の島としての勢力は失っているが、歳のいった漁師が多いのは、私には好都合だった。古い時代の漁業の様子をお聞きすることができるからだ。

話をお聞きしたのは本浦よりも洲崎の漁師の方が多かった。それには理由がある。洲崎には「苅山の木村屋」という屋号の薬屋さんがあった。ご主人は木村新之助、奥さんは頼子さんと言って、煙草屋もかねていたこともあり、木村家には漁師の方々がよく立ち寄っていた。そうした漁師の方々を私に一人

漁師たちの焚火囲んでの浜会議。漁況や日和などを話し合う。

一人紹介してくれたからだ。それに新之助さんは宮本先生指導の民具収集に賛同し、沖家室での民具収集の責任者をやっていた。そこで私や観文研の仲間で一緒に東和町誌各論編の集落調査を始めた須藤護君や鈴木清君らの相談にも良くのってくれていた。今ひとつは洲崎には渡船のせと丸の待合室があり、出漁しない日には夏には部屋の中で、冬には外で薪を焚いて、沖合の海の様子を話し合う年寄り漁師たちがたむろしていて、私もその話の輪に加わりやすいということもあった。

私が幸いだったのは、馬関組や伊万里組などの下行きの漁業に参加経験のある川井初五郎さん（明治三〇年生れ）、中山虎一さん（明治三六年生れ）、浜田岩松さん（明治三七年生れ）や、上行《かみゆ》きと呼ばれていた備讃《びさん》瀬戸への出漁経験のある畑常吉さん（明治三五年生れ）など古き時代の漁業経験のある漁師の方々が、まだかろうじて洲崎におられたことだった。馬関組や伊万里組が大船頭を擁して船団を組んで沖家

タイやアジの好漁場千貝瀬で釣る沖家室の漁師。

室から出漁していったのはせいぜい太平洋戦争の始まる前のことで、大正中期以後に生まれた漁師さん方にはその経験がないからである。

こうした漁師の方々の話を聞くうちに、私にも次第に往時の島の漁業の様子が見えてきた。島の漁業はもっぱら島の周囲で漁業をする組と、九州や海外への出稼ぎを中心とする組に分けられた。島の周囲組は歳をとった漁師が中心で、小学校を卒業したばかりの子供を船方に雇って一本釣りを教えるかたがた、一年中、島のすぐ南にある千貝瀬《せんがいせ》や大水無瀬《おおみなせ》などの漁場で漁をしていた。だが地元漁業組の中でも、春になると備讃瀬戸で産卵するタイを求めて、備讃瀬戸の島々へ一か月程度の出漁をする漁師もいた。これを上方《かみがた》方向に行くので上行《かみゆ》きといった。他方、元気のある青年から壮年、中年期の漁師は下行《しもゆ》きと呼ばれた玄界灘や対馬近海を主とした九州各地や、朝鮮海峡へ出漁するほか、台湾の基隆や高雄、ハワイ諸島などへの出漁や、移住しての漁業を行っていた。

上行きの経験のある中山虎一さんによると、八十八夜頃に備讃瀬戸の直島《なおしま》諸島や塩飽《しわく》諸島でタイの一本釣り漁ができるように沖家室を出発したという。それは島の畑の麦の穂がまだ青いころだったという。出漁の前日は船頭の家で「門出」の酒を酌み交わし、出漁の朝には「走り粥」を食べる習わしだったという。走り粥は豆の粥で船が良く走るようにとの願いが込められていた。また親類筋からは豆腐や野菜などの差し入れがあった。豆腐は船が良く浮くようにとの願いが込められていた。こうした習わしは、下行きの組でも同様だったそうである。こうして三〇日も備讃瀬戸で漁をしていると、沖家室島の周囲でもタイやアジ、サバなどの漁期に入るので帰島し、以後は島の周囲で漁を行った。出帆の時は青かった麦が帰島したころには赤く熟れていたという。

　下行きの漁船団は上行きの組が帰島する前の旧暦の三月頃に出帆した。馬関や九州北部で漁をする漁船は、二艘の船が一組となってお互いを助けあって漁をしたが、それぞれの船が縁起を担いで出帆の日時を決めたので、出る日時は別々であったという。

　私が島を訪ねた昭和五六年には、下行きで馬関組の経験のある方はもう中山虎一さんと川井初五郎さんのお二人しかいなかった。川井さんは尋常四年を終えるとすぐに山田鹿次郎という洲崎の船頭の船に飯炊きとして乗ったという。明治四〇年頃のことで、そのころには馬関組所属漁船は八艘であったという。

　中山虎一さんが最初に馬関組の漁に参加した大正八年（一九一九）頃の根拠地は、北九州の若松だったという。明治時代の根拠地は下関に置かれていて、それが馬関組、関組の名前の由来となっていた。明治四五年に馬関組と福岡県遠賀《おんが》郡下の漁業組合との入漁協定が結ばれ、一艘一〇円の入漁料支払いで一二艘の漁船の入漁が認められているから、入漁地の変更による根拠地の変更だったのであろう。

　馬関組や伊万里組の漁業の中心も、沖家室の漁場で鍛えたタイの一本釣りであった。しかしブリも釣

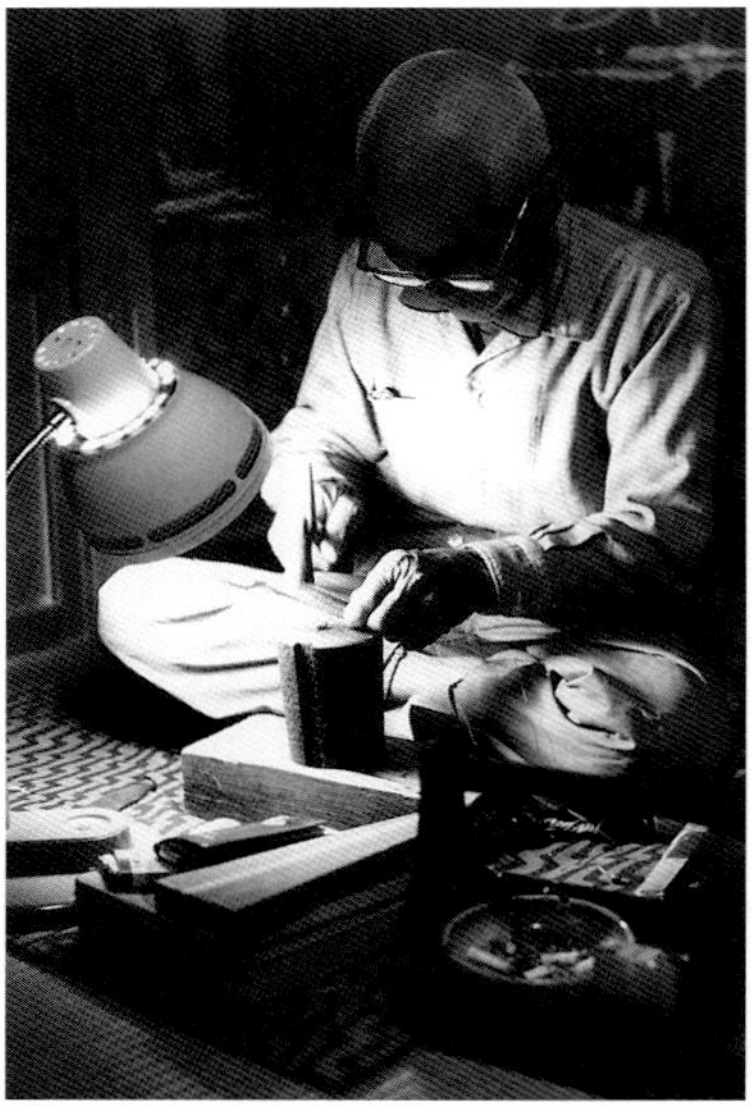

テグスにビシ（錘）をつける。

れば季節によってはイカも釣ったという。漁は一潮（一五日）単位だった。木造漁船だったので、一潮ごとに浜に船を据えて、松葉を燃やして船底についたフジツボやフナクイムシの駆除を行ったのだ。そうしないと船底に穴を開けられたという。

朝鮮半島への出漁経験者は私が訪れた時にはもういなかった。だが宮本先生が記している朝鮮半島への最初の出漁者である原勘次郎の末孫は洲崎に残る旧萩藩の御船蔵跡地を造船場として利用し、艪大工や船大工をやっていた。その方、原安蔵さんによると沖家室では、「朝鮮組の艪《ろ》をかつげれば一人前」と言われていたという。しかし実は一人前の大人でも担げばふらつくほど大きく重い艪であったそうである。そんな艪を五丁も使って漕ぐほどの大きな漁船だったという。

朝鮮組は旧暦九月中旬頃から出漁し、翌年の七月の盆前まで出漁するというほぼ一年の長期の出稼ぎ漁であった。漁獲が大きく利益も大きかったことから朝鮮出漁船は急激に増加し、明治三一年には三五艘二一〇名の漁民が朝鮮海域に出漁している。

こうした馬関、伊万里、朝鮮海峡といった出稼ぎ漁と並行して出稼ぎ先への寄留や移住も同時に行われていった。その動きが盛んになったのは出漁先各地の専用漁業権の主張が時代を追って強くなってきたからである。寄留して住民とならないと漁業が認められないとなると、移住するほかはない。そして次第に対馬をはじめとした北部九州各地や、台湾、ハワイなどへの海外への移住漁業者が増えてくるのである。

宮本先生の『東和町誌』によると、台湾の基隆へは明治三〇年代に四〇戸ほどが漁業を生業として定住し、高雄への出漁船は大正七年（一九一八）に六七艘を数え、後には七〇艘を超えることもあり、また大正五年のハワイ在住者一二〇人のうち五六人が漁業による移住であったという。

私が沖家室島でお会いした漁民にはハワイでの漁業経験者はいなかったが、ほとんどの方が台湾での船頭や船方経験者であった。大正二年生れの北川岩雄さんもその一人で昭和二年から台湾に出かけ、一八年間を台湾の高雄で漁業に従事していたという。北川さんは最初は沖家室から通って漁をしていたが、徴兵検査を済ませたのを機に台湾在住の沖家室出身の船頭の娘と結婚し、その後は高雄に定住して漁を行った。その高雄では沖家室の漁民は哨船町《しょうせんちょう》に固まって住んでいたが、正月も全て沖家室の慣習通りに行われ、まるで沖家室に住んでいるようだったということ。

このような漁師の方々の話を元にして、私の沖家室を中心にした『東和町誌　各論編三　漁業誌』が刊行されたのは、昭和六一年（一九八六）三月のことである。最初に沖家室を訪れてから四年半がたっていた。この間、台湾での漁業経験をお聞きした北川さんが北九州市小倉の子供たちのところに引き上げていったほかは、お話しをお聞きした方々はみな元気にしておられたのが幸いであった。

『漁業誌』の刊行までの間に、沖家室にも大きな変化があった。昭和五八年三月に対岸の佐連と洲崎の間に全長五九〇メートルの沖家室大橋が完成したことである。その日は沖家室の漁船や佐連の漁船が大漁旗を掲げて海上を練り、島民や柳居俊学町長など架橋関係者が渡り初めをし、小学校講堂で記念式典も行われて、久々に島に活気が戻った。瀬戸への架橋は二〇数年来の島民の悲願だった。沖家室では昭和

洲崎の家並み越しに、ほぼ完工した沖家室大橋を望む。

三〇年代に架橋期成同盟が結成され架橋を町や県に請願してきたが、架橋による経済効率は低く、架橋の実現はほぼ不可能と申し渡されていた。しかし、京都で学生生活と僧侶の修業を終えた泊清寺の新山玄雄さん（昭和二五年生れ）が昭和五〇年に帰島し、泊清寺の副住職を務めるかたわら若くして島の自治会長を務めるようになったことが、晩年の宮本先生を動かした。離島振興法の産みの親である宮本先生だけに、国土庁や離島行政に影響力もあり、その進言にもとづいて沖家室への架橋予算がつけられたのだという。

宮本先生は未来の地域社会を創る力として常に若者に期待をかけていた。それは全国離島振興協議会が毎年開いていた全国離島青年会議への宮本先生の力の入れ方をみればわかる。民間の民俗学研究所の観文研を設立したり、晩年には故郷の島にも郷土大学を開校して若者の育成に力を注いでいた。沖家室大橋の架橋に宮本先生が力を添えたのも、若くして

泊清寺の常夜灯がある本浦の海岸通り。

自治会長を務める新山さんに、その後の島創りの期待を寄せたからなのだろう。

その沖家室大橋の架橋、あるいは『東和町誌』各論編四巻の刊行からすでに三〇年以上の歳月が流れている。この原稿をおこしている平成二八年(二〇一六)一二月時点の沖家室の状況は、私にはよくわからない。防波堤にぶち当たっては白波をたてる海の様子や、ひっそりとした黒壁の家々の間を、冷たい風が吹き抜けてゆく光景が眼にうかぶだけである。

数か月前、沖家室島では若い方の漁師に属する横山和明さん(昭和二七年生れ)から、沖家室島の実質的な人口は一〇〇人を切ったという話や、島の漁協組合員は正と准あわせても二七、八名しかいないという話を聞いた。それが私が知る今の沖家室のすべてであるが、宮本先生が思い描いていたであろう生き生きとした地域社会は、町や島の人の意思と努力があったにもかかわらず、実現できていない。

それは宮本先生が期待した若者たちや地域社会に生きる人々の精進と努力が足りなかったからではない。宮本先生の没後、沖家室大橋の架橋からそう年月も経ずして、バブルが始まり、まもなくはじけた。今世紀に入ると米国とその同盟国がアフガニスタンをはじめイラク、リビアなどの中東諸国を攻撃して破滅させた結果、大勢の難民と既存の政治支配に反抗する過激な宗教勢力、戦闘集団が育成され、紛争が多発日常化し、不信と不安が世界中にひろがった。ニューヨークのウォール街に端を発する金融危機で世界中の経済が混乱の極みに陥ったこともあった。そして強い者だけが生き残り、勝者がすべてを取り、著しい経済格差、国家や地域間の格差も是認する超新自由主義、不寛容の時代が世界に訪れた。

日本はバブルの崩壊以降、その弱肉強食世界の風潮の先頭を米国と競い合って走っている。弱者の地方や地方住民が生業としてきた農林水産業を切り捨て、東京や大阪など国の中央とそこにうごめく金融資本や重厚長大産業という強者にだけ手厚い施策をほどこしてきたこの国の権高で独善的な政治家、中央官僚にこそ、今の日本の地域社会の荒廃の責任があるのは間違いない。

イワシを桶に移す。江ノ浦。S39.10.5

Ⅲ

浮島

上＝船上から江ノ浦の集落を望む。山肌には農地が拓かれている。浮島は16世紀、水軍・宇賀島衆の根拠地としてその名が見える。その後、一時無人島となるが、天和元年（1681）対岸の森村から渡った百姓たちによって本格的に島の開発が進められたという。S35.10.26／下＝江ノ浦港の西端。石積みの防波堤に囲まれた港内には、木造の漁船や貨物船が停泊する。S39.10.5

上＝イリコを屋根に干す。イリコの製造は現在も島で暮らす人びとの生活を支える基幹産業。江ノ浦。S35.10.26／右中＝大島本島と浮島を結ぶ渡船「ひらい丸」。現在も日前港と島内の各集落を結ぶ1日4往復の定期便が運航されている。S35.10.26／右下＝防潮堤と石垣に挟まれた海岸沿いの通学路。道幅は狭い。江ノ浦。S35.10.26／左＝コンクリートの立派な防潮堤が整えられた江ノ浦の海岸。S36.10.20

上＝道もイリコの干し場。ゆでたイワシを木と竹で作った簀（す）に広げる。イリコの生産が盛んな浮島ではあらゆる場所がイリコの乾燥場として利用された。江ノ浦。S39.10.5／右＝海岸沿いの道は老若男女が集う住民憩いの場。江ノ浦。S36.10.20／左中＝縁側に集った子供たち。江ノ浦。S36.10.20／左下＝船で下校する浮島小学校の児童。放課後の解放感からか子供たちの表情はどこか晴れやかである。楽ノ江。S35.10.26

右頁：上＝等高線に沿って拓かれた耕地。江ノ浦。S41.12.23／下＝江ノ浦の家並みと田畑。海辺から少し山手に入れば農地が広がる。
左頁：上＝江ノ浦の集落と見壁山。この山は長らく浮島と対岸の森村の入会地として利用されてきたが、明治期にその所有権をめぐって両者の間で争いが起こった。／右＝磐尾神社の社叢。手前の畑にはミカンの幼木が植えられている。／左＝アワを束ねて干す。
＊右頁上を除き全て江ノ浦にて撮影。S39.10.5

右頁：上＝浮島北岸の樽見港。／右＝イリコを保存する紙袋。／左中＝イワシをタライに入れて洗う。イリコの加工には多くの女性が携わる。／左下＝積み重ねられた簀（す）。
左頁：上＝上空から眺めた浮島と頭島（左手奥）。昭和46年に両島を結ぶ頭島大橋が架けられた。S41.12.23／右＝イリコを干す光景。／左＝路地裏の作業場。道端にはイリコ製造に用いる簀などの道具が見える。
＊左頁上を除き全て樽見にて撮影。S39.10.5

右頁：上＝楽ノ江の水田と家屋。採石業の最盛期には多くの石工とその家族が移り住み、この地は小集落の体を成していたという。S39.10.5／右＝傾斜地に築かれた棚田。背後には浮島小学校や石切場も見える。S39.10.5／左＝切り出した石を島外へ搬出する石船。S35.10.26
左頁：切り立った断崖がそびえる石切場。明治期に愛媛県の伯方島の人によって拓かれた。S35.10.26　＊全て楽ノ江にて撮影

宮本常一の写真から③

浮島の暮らしを支えてきたもの

山根一史

はじめに——暮らしを支える

浮島《うかしま》は、周防大島（以下大島と表記）・日前《ひくま》の集落からおよそ五キロ北東の海上に浮かぶ面積二・三〇平方キロメートルの離島である。平成二八年（二〇一六）四月現在、一〇三世帯・二一七人が暮らし、島内には北岸に樽見《たるみ》、西岸に楽ノ江《らくのね》、南岸に江ノ浦《えのうら》の三つの集落がある。日前港からは各集落を順々に巡る航路が一日四往復運航されている。

私にとってこれまで浮島は「近くて遠い島」であった。私がまだ小学生だった頃、秋に大島東部に位置する旧東和町と旧橘町内にあった小中学校の児童・生徒が参加する東部音楽祭という学校行事があった。その際、浮島小学校の演目は必ずといってよいほどプログラムの序盤に組み込まれていた。それは、どうやら子供たちの帰りの足である船便の時刻を考慮しての措置であったらしい。このことを後になって知ったが、幼心に「浮島の子供たちは大変だなぁ」と思うと同時に「浮島ってどんなところだろう？一度行ってみたいな」という好奇心を抱いた記憶がある。そう思いながらも近年になるまで長らく訪れることがなかった。私の中で浮島とはそういう島であった。

宮本常一（一九〇七―八一）が浮島に足跡をしるしたのは、昭和六年（一九三一）に友人の父親の船に乗せてもらい来島したのが最初だと思われる。この時は江ノ浦から上陸し、峠の小学校を経由して樽見、楽ノ江を訪れている。樽見では樽見観音に参ったあと浜辺でくつろぎ、楽ノ江では石切場の様子を見学している。その後、昭和一〇年には自身最初の著作ともいうべき『周防大島を中心としたる海の生活誌』（宮本常一著作集38、未來社、一九九四年）を執筆するため、イワシ網漁やイリコ加工の聞き取り調査に浮島を訪れている。昭和三〇年代に入ってからは離島振興に関する講演や古文書調査のため、昭和三五年（一九六〇）、三六年、三九年の三度にわたってこの地に足を運んでいる。

宮本は昭和五二年（一九七七）に長らく勤めてきた武蔵野美術大学の職を辞したあと、今後の自身の身の振り方について以下のような文章を遺している。

してておきたい仕事は瀬戸内海の研究で、これからは島わたりも多くなると思う。それも小さな島が多くなろう。人はなぜそこに住んだのか、どのようにして住みつづけたのか、住みつづけていく条件はどういうものであったのか。実は文化というのはそういうことであって、住めなくなるというのは文化の後退と見ていいのである。日本文化は一面ではぐんぐん伸びていきつつあるが、半面では後退しつつある。そういうことは国の端々における諸現象を見ているとよくわかる。

（「切捨てのない行政を」『宮本常一離島論集』第五巻、みずのわ出版、二〇一〇年）

この言葉から宮本は、本土と比べて暮らしの立てにくい条件を抱えながらそれでも人々が住みつづけてきた瀬戸内の小さな島々を見ることで、その島の暮らしを支えたものが何であり、これからもその島

手船1艘、網船2艘を一組として行われるイワシ網漁。右手奥の島影が浮島。H28.8

で暮らし続けるには何が必要なのかを見定めようとしていたのではないかと思う。

本稿ではこの言葉を心の片隅に置きながら、宮本が昭和三〇年代に撮影した写真をもとに、当時の浮島で暮らす人々の生活を支えてきたものが何であったのかを考えてみることにしたい。

浮島イリコ

浮島は山口県におけるイリコ（煮干）の一大産地である。この地のイリコは「浮島イリコ」の名で知られ、市場において味や品質で高い評価を得ている。六月から一二月にかけての朝方、大島の内浦を車で走れば、浮島・長浜間の海域ではイワシ網を操業する船を見かけることも多く、その光景は季節を彩る風物詩となっている。また、大島では料理にイリコ出汁を使う家庭も多く、その味は島の食生活に深くとけこんでいる。

私が初めて浮島を訪れたのは平成二五年（二〇

一三）一一月のことである。その目的は宮本写真の撮影地を特定し、そこの現在の様子を撮影することにあった。この時、初めて浮島の写真に一通り目を通すことになったが、その中で最も私の印象に残ったのが所構わず干されたイリコの写真（六四―六九頁）である。スレートや瓦屋根の家に住み、車社会に生きる現代の我々の感覚からすれば、道端や屋根にイワシを干すこれらの写真はあまりにも非日常的な光景のように思える。しかし、昭和三〇年代の浮島ではこれらの光景こそが「日常」だったのである。宮本もこの光景に目をとめたようで前掲の『周防大島を中心としたる海の生活誌』の中で次のように述べている。

　浮島の樽見という所は、土地がせまくて平地が少ないから、物乾場が不足している。そこで石垣の上を利用したり、家の屋根を、ほぼ平にして、コンクリートでぬり、またはトタン板を張って、物乾場に代用している。これをデッキ屋根といっている。

　このように屋根を物干場に変えてしまうほど、昭和の浮島においてイワシがいかに人々の生活と密接に結びついていたかが分かる。

　しかし、これほどまでに暮らしに根づいているイワシと浮島の関係だが、案外その歴史は新しい。宮本によれば、明治期に樽見の津田吉五郎という人が始めたイワシ網の共同経営がその端緒であるという（前掲『周防大島を中心としたる海の生活誌』）。それ以前は安下庄《あげのしょう》や久賀《くか》などから来た網船の網を引かせてもらう程度であったらしい。大島でイワシと言えば、一般的にカタクチイワシを指し、イリコにするのに最適である。イリコは、まずイワシを桶に移して洗い、その後釜ゆでし、簀《す》にのせて天日干しすることで完成する。

　六八頁左中や六九頁左の写真は、イリコ産業への

水たまりが広がるかつての石切場跡。楽ノ江。H28.12

女性の関わり方を意識しながらシャッターを押している。印南敏秀氏によれば、網で捕獲したイワシを浜に運ぶまでが男性の仕事で、その後イワシを陸あげし、イリコに加工して袋詰めにする作業は女性の仕事であったという（『島の生活誌』東和町、二〇〇四年）。このように、イリコ製造の現場では、男女の役割分担がなされており、その中で女性が果たす役割は大きい。

六八頁右の写真では、イリコを保存する袋の材質に注目している宮本のまなざしを読み取ることができる。「昔は藁で編んだ菰の俵に入れた。菰俵はつい近頃まで続いていたが、これではどうしても売れが悪いそうで、今では紙製になってしまった」（前掲『周防大島を中心としたる海の生活誌』）と記すように、この写真は昭和一〇年頃に販売促進のため、菰俵から切り替えられた紙袋が三〇年代にはすっかりこの地に定着していたことの証左であろう。

平成に入った現在、加工技術も格段に進歩した。

イワシの乾燥も機械乾燥に切り替わったため、島を埋めつくすようなイリコの天日干しの光景はもう見られない。また、イリコのパッケージには段ボール箱やビニール袋が使われるようになった。しかし、イワシという海の恩恵が浮島に暮らす人々の生活を支え続けていることに変わりはない。

採石業

私が初めて浮島を訪れた時、船上から思わずカメラのシャッターを押した光景がある。ゴツゴツした茶色の岩肌と緑の木々のコントラストが印象的な楽ノ江の石切場がそれである。

梶田清七氏によれば、楽ノ江の石切場は明治の頃、愛媛県伯方島《はかたじま》からやって来た赤瀬源作という人によって拓かれたのがその始まりだという（『わたしの浮島風土記』私家版、二〇〇九年）。その後、伯方島や広島県倉橋島《くらはしじま》の石工《いしく》（浮島では石屋と言っていた）たちが家族を伴って相次いでこの地に移り住み、彼らによってこの地に小集落が形成されていったという。石工とは石材を扱う職人のことで、大まかに分けて石を切り出す、積む、加工する、の三タイプに分けられる。このうち楽ノ江の石工たちは石を切り出すのを専門にする職人が多かった。

梶田氏は採石業の華やかなりし頃の思い出として、発破をかける時、石切場の丘に住民に危険を知らせる赤旗が掲げられたことや島内には見られない赤瀬、馬越などの名字を持つ石工の子供たちが続々小学校に入学してきたことなどを挙げている（前掲『わたしの浮島風土記』）。

宮本は学位論文である『瀬戸内海の研究（一）』の中で瀬戸内の島々を集落の成立過程や土地利用、生業の違いなどから七つに分類しようと試みている。そのうちの一つとして採石の島を挙げ、その特徴を次のような言葉で表現している。

瀬戸内海沿岸で、塩田・新田の築造が盛んになり、さらに防波堤、石垣の築造などが各地でおこって来ると、その石材としての花崗岩の需要は著しく増加して花崗岩を持つ島ではその採石がおこなわれている。周防大津島《おおづしま》・黒髪島《くろかみじま》・浮島《うかしま》・安芸大黒神島《おおくろかみしま》・倉橋島《くらはしじま》・備中北木島《きたぎしま》・白《しら》石島《いしじま》・讃岐小与島《こよしま》・小豆島《しょうどしま》・播磨男鹿島《たんがしま》などその代表的なものであるが、採石のみでは大きな集落をつくるに至らない。そこに仕事場としての家が存在するが生活の場としては条件は最もわるい。同時にまた採石が地肌をあらしていく。採石の島は一見してそれのわかるものであり、重くて運搬に船を利用するために採石場は港近くにあるのを一般とする。採石そのものは直接島嶼集落発達に大した影響を与えていないにしても、石材の利用による港・耕地・塩田・屋敷・河川堤防などの築造は他の地方に例を見ないほど進んでいる。それが、島嶼人口を異常なまでに増加させた条件の一つになっている。

（『瀬戸内海の研究（一）』未來社、一九六五年）

ここで宮本は採石で生計を立てる島々の具体例はもちろん、その集落の在り方や採石業が瀬戸内地域の発展において果たした役割の大きさにまで言及している。先に述べた梶田氏の話や宮本の考察を踏まえた上で改めて楽ノ江の写真（七〇―七一頁）を見ていくと、集落景観、石船、石切場の写真一点一点が明確な問題意識を持って撮影されたことが分かる。

昭和三七年（一九六二）八月、宮本は石材業で賑わう岡山県笠岡市の北木島を訪れ、そこで伯方島《はかたじま》出身の馬越《うまこし》儀三郎《ぎさぶろう》という一人の石工と出会っている。宮本は馬越氏への聞き取りなどから、明治期以降の石材の需要増加が元々の御影石産地であった愛媛県越《お》智《ち》大島・大三島《おおみしま》・伯方島といった島々の石工たちの移動を促し、それによって彼らの持つ建築・土木用材としての石切技術が瀬戸内の島々にもたらされたと推測している（『私の日本地図⑫　備讃の瀬戸付近』

未來社、二〇一五年　＊初出は同友館、一九七三年）。
宮本はここから、海を介した人々の移動の歴史や技術の伝播を考えようとしたのではないかと思われる。

馬越氏は、銀行取引の導入や事業の機械化を見越し島に送電線を引くなど北木島の採石業の近代化に大きく貢献した人である。宮本にとって馬越氏との出会いは印象深いものであったようでこの時の感動

かつては水田であったミカン畑。楽ノ江。H28.12

を次のように書き綴っている。

　小さな、しかもやせこけて岩石ばかりの島も、すぐれた英知によってこれほどのすばらしい生産があげられるに至ったのである。（中略）

　私は馬越さんに逢えたことを心から嬉しく思った。（中略）とにかくこの島には人間の英知による前途の明るさがあると思った。どの島にもきっと馬越さんのような人がいるに違いない。その人たちが島に灯をともすだろう。またともしてもらいたいものだ。

（「採石業の近代化へ――北木島馬越儀三郎氏の抱負と実践」『宮本常一離島論集』第二巻、みずのわ出版、二〇一二年）

楽ノ江の採石業が好調であったのは、大正から昭和初期頃まででであったようである。

コンクリートが普及してくると次第に石材の需要

は低下していき、昭和三五年（一九六〇）に石切場を訪れた宮本は「ここで石を切る音もあまり聞かなくなった」（『私の日本地図⑨　周防大島』未來社、二〇〇八年）との感想をもらしている。それから二年後、馬越氏と出会った宮本の頭の中には、北木島と同じく採石で生活を立ててきた故郷・長崎の沖合に浮かぶ浮島の姿があったに違いない。私には先に挙げた馬越氏との出会いを綴った言葉の中に、北木島に灯された希望の光が、消えゆきつつあった浮島の採石の歴史を再び照らしうる灯火になりはしないかという宮本の思いが感じとれるような気がしてならない。

おわりに――宮本写真から考える

イリコ産業は、明治期に島民の決断によって産声をあげ、その後様々な紆余曲折を経ながらも現在に至るまで浮島の基幹産業として脈々と受け継がれている。一方、採石業は他島から移住してきた石工たちが起こし、彼らによって切り出された石が建築・土木用材となって日本の近代化を陰で支えてきたといっても過言ではない。イリコ産業は島民、採石業は他島出身の石工たち。それぞれ担い手は異なるが、どちらも浮島という地を育んできた生業であったことに違いはない。

宮本写真には、先人たちがその時々に島にある資源を生業と結びつけながら生活を立ててきた試行錯誤の跡が刻まれている。宮本写真を片手に現地を自分の目で見、己の足で歩き、時にはその土地に暮らす人々の声に耳を傾け、往事の暮らしに思いをはせる。傍目からみれば、何の意味も持たない活動のように思われるかもしれない。

しかし、このような地道な取り組みこそ、「人はなぜそこに住んだのか、どのようにして住みつづけたのか、住みつづけていく条件はどういうものであったのか」という宮本の問いかけに真摯に向き合うことにつながると私は信じている。

小さな島々の歴史――笠佐島・前島・立島など

髙木泰伸

小さな島への関心

小島に現住する人びとの歴史について見るとき、その初めて定住したとき以来のことが比較的明らかなものが大半であり、人がなぜ島に住みついたかという問題をとく鍵を見出す。

（『瀬戸内海の研究（一）』未來社、一九六五年、五九頁）

このように述べる宮本常一の小さな島々への関心の背景には、幼少期の体験によるところが大きかった。生家の農作業を手伝いながら、家族に連れられて故郷の白木山《しらきやま》に上り、父・善十郎から瀬戸内海に浮かぶ島山の物語を聞いた時の印象を、次のように宮本は述懐している。

島にはみんな名があった。名のない島というものはなかった。そしてそれぞれ何か話題になるものをもっているのである。

上＝立島　S39.10.2
中＝笠佐島　S35.10.22
下＝前島　S36.8.19

そういうはなしをきいていると、自分も一つ一つの島へわたって見たいと思った。

（『中国風土記』宮本常一著作集第二九巻、未來社、一九八四年、一一頁）

どんなに小さな無人島であっても、あるいは岩礁のような島であっても、名前があるというのは一つ一つの島それぞれに人の営みがあった証である。父から聞いた物語は、島々を巡りながら確たる問題設定へとつながり、宮本のなかで一つのライフワークたる研究テーマとして立ち上がっていったことが、冒頭の引用文からも確認できるだろう。ここに掲載した車窓や船上から撮影した島影の写真、わずかな渡島時の写真は、そんな宮本の問題意識の表れである。以下では、宮本常一の視座に学びながら、周防大島周辺の島々に刻まれた歴史の一端をみていきたい。小さな島という場を起点として、島嶼に生きる人々の営みの展開を考えてみたいと思う。

小島に刻まれた生業の歴史

宮本は、先に引用した『瀬戸内海の研究（一）』の中で、定住していった過程を、漁撈からの定住、牧場への利用、薪の採集、農地の開墾に分類している。薪島として利用された島での草木の採集は、肥料や生活燃料としての利用、さらに製塩とも深い関わりを持っていた。大畠《おおばたけ》瀬戸に浮かぶ笠佐島《かささじま》も柳井塩田の薪島であった。島には北東に集落があって、多い時には三〇軒ほどが住んでおり、北側の砂浜は最近まで海水浴に訪れる人も多かったという。

船上からみた前島。S27-28

江戸時代には本土側の柳井新庄に三五町ほどの塩田があり、この島の松が塩を焚く燃料として利用された。もともと木々の生い茂る島であったようだ。一八世紀半ばの宝暦年間には、小松志佐の武士であった中村家によって島が開墾された。石垣を積んで波を防ぎ、舟がつけられるように階段状の船着き場の雁木を据えた。九一頁左の写真が、その古い雁木だという。樹木が茂っていた笠佐島は、地味も肥えて水もあったことから、谷には水田が開かれ、緩やかな傾斜地には畑が拓かれた。それらの作物を柳井や小松へ売りに行った（宮本常一『私の日本地図⑨　周防大島』未來社、二〇〇八年、七九―八二頁）。

一九世紀の半ばには、限られた土地の利用についても工夫がなされ、三五軒以上は増やさぬように分家は島外へ出したこと、農地の貸借には年限を定めて期間を過ぎると持ち主のもとに返される制度を設けていたことが、当時の地誌をまとめた『防長風土注進案』に記されている。そして、明治、大正、昭和の時代を経て戦後には柑橘の作付けもなされた。江戸時代に薪島から利用がはじまって以来、人びとが定住して開発することで、材木、農作物、そしてミカンの産出が島での暮らしを支えた。いまも島をあるくと、かつて水田として拓かれた谷間がミカン畑になっており、往時の人びとの営みを窺うことができる。

久賀《くか》沖の前島《まえじま》も、江戸時代初期には無人島となっていたところに、草木の採集をしはじめ、そして田畑を開墾していった歴史がある。また人の定住はみなくても出耕作地として、島に畑が拓かれた例も少なくない。周防大島の南西にある上荷内島《かみにないじま》、下荷内島《しもにないじま》は最近までミカンを作りに通う人があったという。情島《なさけじま》属島の諸島《もろしま》では、戦後の食糧難の時代に畑を開墾してサツマイモを作ったという。本書二三頁に掲げた航空写真には、その畑の跡がはっきりと写っている。島へは舟で耕作に出かけた。こういった舟を磯船、山船、あるいは山行船といった。

このように島々の開墾が進められたのは人口が爆発的に増加した江戸時代の半ば一八世紀の頃、農業土木技術が飛躍的に進んだ明治期、そして敗戦によって食糧難に見舞われた昭和二〇年代ではなかったかと思う。特に出稼者を多く輩出し、アジアの旧植民地へ渡った人が多かった周防大島およびその周辺諸島では、引揚者による未開墾地入植が進められた。

引揚者による開墾

例えば、白木村役場文書「緊急開拓事業一件」（昭和二二―二三年度）には、周防大島の南東沖に浮かぶ大《お》水無瀬島《おみなせじま》への開拓の記録をみることができる。大水瀬無島の最大人口は一三〇人が居住していた昭和一〇年（一九三五）頃とされるので（『離島振興三十年史』上巻、全国離島振興協議会、一九八九年、五二七頁）、終戦前後にも同じくらいの人が住んでおり、また親島の沖家室島から出耕作に通う者もあったと推測される。

役場文書によると、昭和二二年には七戸の家族が入植しており、二〇反の畑地開墾計画が実施されている。七戸の内訳をみると夫婦二人が最少で、多い者は家族九人、幼児も含めて総勢四九名が入植している。朝鮮半島や台湾で漁業や大工、商業、農業を営んでいた者が五戸に及び、大半が引揚者家族であったと考えられる。同年中には、目標の約半分にあたる一町一反（一一反）をようやく共同で拓き、このうち八反に小麦、裸麦、サツマイモ、ジャガイモなどを作付けた。

しかし、入植者の代表が村役場へ宛てた書簡には「開墾の状況として、芋の作付非常に悪しく、殆ど枯死の状態となりました。豆外、南瓜、胡瓜の如きも狸害の為め見込みなく」（昭和二二年九月二五日付）とあり、干害とタヌキによる獣害によって作物が育たない厳しい状況が述べられている。また入植一年目を総括した書類では、開墾作業に力を注いだために施肥や種子の選別へ手が回らなかったことが不作を招く要因で、農業指導も「失敗」であったとして、生活費は日雇労働と薪販売によってまかなったが「生活困難」との報告をしている。そして、次年度の計画として草・落ち葉・海草の肥料としての利用や海産物の採集、さらに遅れている住宅の建築を急ぎ、ウサギを養育することなども試みながら、共同経営による開墾を続ける旨が記されている（昭和二三年二月一一日報告）。

上＝左から笹島、禿島、小泊の満越鼻　S43.3.21-26
中＝乙子島　S38.10.19
下＝片島　S34.8.27

このような緊急開拓事業は終戦後の昭和二〇年後半から実施されており、同二三年までの二年半の間に、大島郡内だけでも四〇〇反が開墾さていることを先の役場文書のなかにみることができる。その内訳をみると、油田村六〇反、森野村一〇反、大水無瀬を含む白木村五〇反、久賀町一〇反、蒲野村三〇反、そして平郡村（昭和二九年まで大島郡）にいたっては二四〇反が開発された。これはあくまでも入植者による開墾面積であるので、終戦直後に新たに拓かれた土地がさらにあったことは想像に難くない。

大水無瀬島への入植者へは、他の入植者と同じく補助金が給付され、また建築材や布団などが支給されたが、上記のように困難をともなうものであった。配給されるジャガイモの種イモの不足や肥料不足も足かせとなったであろう。そういった苦労のためか、一年後の昭和二三年五月には、一戸が健康を害したために離農を決断している。大水無瀬島が無人となるのは一五年後の昭和三七年二月で、直前には八人が住んでいたので、戦後の一時期まで人びとが暮らしていたということになる（前掲『離島振興三十年史』上巻、五二七頁）。島々を歩いていても、大水無瀬島と同じように「終戦後にはあの島に渡って……」という話を耳にすることが少なくない。人びとが生存をかけて渡った苦労が島には刻まれている。

海と小島と、人の営み

大水無瀬島は、この海域でも有数の漁場の真ん中に位置しており、弥生土器も出土するなど往古から断続的に人が住んでいたことが確認できる。この海域でのイワシ網をはじめとした操業は、古くから安下庄《あげのしょう》の漁民が強い権利を有しており、一七世紀の幕藩政期には御立浦として、諸役を引き受ける代わりに優先的に網をひく権利を藩から認められていた。そういった関係から水無瀬島へも安下庄の影響が強く、島に祀られていた明神社（祭神は市寸嶋姫命《イチキシマヒメノミコト》）の祭祀も安下庄の長尾八幡宮の宮司が執り行っていた。しかし、幕府や藩の公務に船を出す水主《かこ》役は重い負担で、一部を小泊《こどまり》の者に負担してもらい、その代わりにゴチ網株と水無瀬島の伐木権を譲ることになった。小泊では製塩を行っていたので、薪島を得ることは重要な意味をもっていた。

一方で、一時無人島となっていた沖家室島でも一六〇〇年代の初頭に伊予から渡った石崎・柳原・金井・林・安本の諸氏らが中心となって開発し、その南に位置する大水無瀬島へも出耕作をするようになった。そのため製塩用の薪をとっていた小泊との間に、草木採取の権利をめぐって江戸時代を通じて争論が起こっており、決着がつくのは明治になってからであった（前掲『瀬戸内海の研究（一）』七六―八二頁）。

同じく周囲がタイ、アジ、サバ、タチウオ、そしてイワシの好漁場という立島《たつしま》もまた、江戸時代に人びとの定住をみた島であった。地理的には伊崎《いざき》や外入《とのにゅう》といった島の東部からの渡島が便利なようであるが、安下庄の人が漁業権を有していて、特に周囲ではイワシ網船が操業しており、島にイリコの窯も据えて春先から秋の終わりまで渡島して作業に従事しており、安下庄とのつながりが深かった。

そして永らく無人であったところ、江戸時代の中頃に小泊正覚寺の檀家で、地家室《じかむろ》の林家に奉公にいた人が渡って開墾した。島には水もあり、東側の窪地に畑を拓き、イワシ網の季節にはそれを手伝いながら暮らしを立てていた。島はタイやアジを釣る一本釣りの根拠地にもなっており、それを買い付けに出買船が来て

上＝真宮島（右）と我島（左）S35.12
中＝下田の沖の生島　S42.12.21-22
下＝椋野の沖にある幣振島　S36.8.29

いた。明治から大正の頃には家数が一五軒に増え、大正四年頃には七一人が住んでいた。小学校の分校もできて多い時には五人の児童がいたという。しかし、イワシの不漁が続くと、まず漁業関係者が島を去り、昭和になるとだんだんと人口が減っていった。そして昭和六〇年一〇月には定住人口がゼロとなった（前掲『私の日本地図⑨　周防大島』一四八―一五四頁／『離島振興三十年史』上巻、五二七頁）。

海の真ん中にあって陸は利用しなくても我島《わがしま》や中小島《なかこじま》のように漁場の目印となる島山もある。漁に同行させてもらった船で「あの島が、あの山を半分隠すところに網を入れるけぇ」といって老漁師が網を入れはじめたことがあった。椋野《むくの》の沖にある幣振島《へぶりしま》は海が深くなる境にあり、航行の上での目印にされていたようだ。真宮島のように砂洲でつながり最近まで焚き付けの薪が採取されていた島、あるいは乙小島《おつこじま》のように砂利の採石地として島全体を削り取ってしまった島さえある。また三ヶ浦《さんがうら》の生島《いきしま》や、安下庄の亀島《かめしま》のように神が祀られているところもある。今は埋め立てで陸続きになっていて、かつて島であったという意識も遠いものになりつつある。

「名のない島というものはなかった」という宮本の言葉は、海を生業にした瀬戸内の人びとの暮らしの中で、島山が重要な意味を持っていたことを端的に示している。今日、忘れられたような無人島も少なくないが、歴史をみると所有や利用をめぐって争論となるほど、海を糧にした漁業や製塩業といった営みとも深い関わりをもっていた。いま無人となった島をあるくと、石を積み上げた段々畑の跡や、立派な瓦葺の空き家、生活水を求めて掘った井戸の跡などを目にする。そのような光景を見ると、穏やかな波を受ける島々にも確かな暮らしがあったことを改めて実感させられる。

上＝笠佐島。実りの秋を迎えた水田と家並み。大島大橋架橋前の大畠の瀬戸を望む。右手奥が周防大島の飯の山、その麓に小松港。笠佐島はもと柳井の塩田の薪島であったが、江戸時代半ばに志佐の人びとによって開墾された。水にも比較的恵まれたところで水田も作られた。／右頁：潮のひいた船溜まり。／左頁：右＝木造の伝馬船と桟橋。／左＝海岸の石垣。島の開発に際しては、最初に浜に石を積んで波止を築いたという。＊全てS39.10.2撮影

右頁：上＝前島の水田と港。鰯網を保管する倉庫が建てられている。／右中＝防潮堤がつくられた海岸の道。／左＝中二階の母屋に納屋や農作業もする庭が付属する民家。前島ではほとんどの家が半農半漁であった。／右下＝手押しポンプのついた井戸。以上4点、S39.10.5
左頁：上＝北西の上空からみた前島。山側には段々畑が広がる。／下＝前島北岸に拓かれた棚田。以上2点、S41.12.23

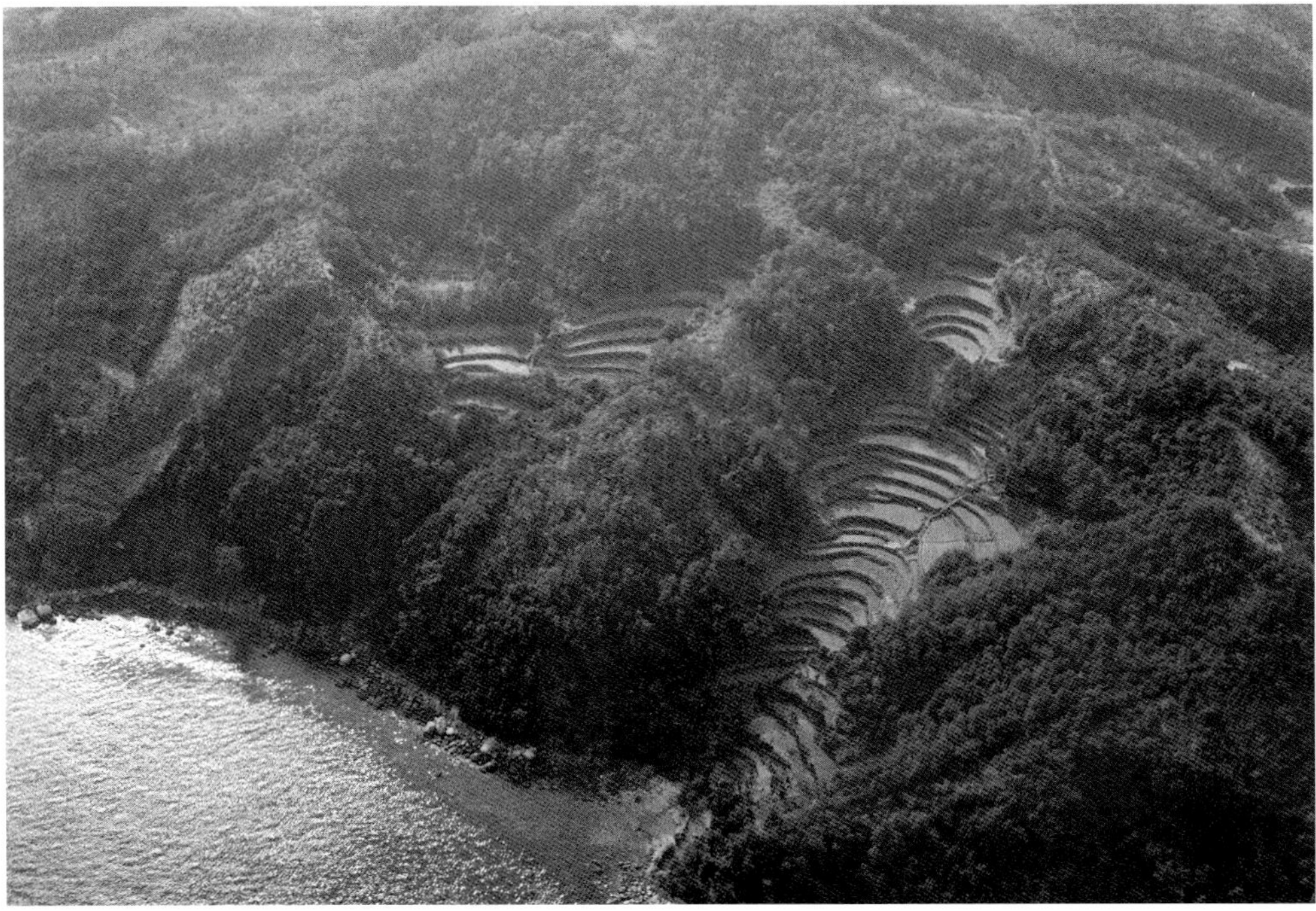

上＝手入れの行き届いた立島の農地と家並み。畑は収穫をひかえたサツマイモの葉に覆われている。もとは江戸時代の中頃に小泊の人びとによって開墾され、その後漁場の真ん中にある島として、イワシ網漁とその加工などで栄えたという。しかし、昭和60年には無人島となった。／右中＝丘の上の墓地。／右下＝集落の中央にある共同井戸。／左＝小学校の分校はすでに閉校となっていた。＊全てS39.10.2撮影

前島行——宮本写真を訪ねて

徳毛敦洋

はじめに

地域の歴史を学ぶ方法として、現地の調査、文献資料、関係者への聞き取りなどが考えられる。現地の調査と関係者への聞き取りはセットで展開しうるものであるが、そこに宮本常一の残した写真をあわせて活用することで、地域の歴史を学ぶ、あるいは地域への理解をより深めることができる。宮本写真は地方に住む人々の生活の一端がおさめられ、どういった暮らしをしていたかを知る手がかりになる資料である。地方にある資料館として、宮本写真を活用して地方の生活文化を明らかにしていくことは、文献資料の利用や、当時を知る人に尋ねるのと同様に意義のあることであると思われる。今回、宮本写真と当時を知る人に話を聞き、実際に現地を歩くことで、前島《まえじま》の変遷を追うこととした。

周防大島の属島である前島は、久賀《くか》の北方約五キロメートル沖に浮かぶ面積一・〇九平方キロメートルの島である。周防大島町合併前の旧久賀町に属す島であり、久賀との結びつきは深い。平成二八年（二〇一六）九月現在の定住人口七名、久賀港から前島航路が開かれており、この航路は、現在はスナメ

上＝久賀港からの定期船で前島に向かう。
中＝宮本写真（92頁右中）とほぼ同位置。護岸工事により防潮堤が高くなり、浜を望むことのできる場所は減った。
下＝草木が生い茂り、奥の家屋は原野に還ろうとしている。宮本写真（92頁左）から田畑があったことが分かる。＊全てH28.9撮影

リが見られることで知られる。一日三往復の便があり、この定期便によって島の生活は成り立っている。郵便も一日一回前島のポストを確認する。

天保年間（一八四〇年代）に作成された長州藩の地誌「防長風土注進案」では、

「久賀村御勘場下浜辺より子ニ当四十余町沖に有之、周廻四六町程、人家四四軒人数二一三人、田畠数一五町八反七畝一五歩高五一石二斗九升七合、御立山立銀山等も御座候事」

久賀村の勘場（現ＪＡ久賀支所）下の浜辺から子の方角（北）に四〇町余り（約四三六〇メートル強）行った所にある。全周が約四六町（五〇〇四メートル強）で、人家は四四軒、人口は二一三人。田畠は一五町八反七畝一五歩（約

一五万八七四五平方メートル）あり、石高は五一石二斗九升七合である。御立山《おたてやま》（藩有林）と立《たて》銀山《ぎんやま》（銀を徴収していた私有林）などがある。とする。

昭和二七年（一九五二）、宮本常一は旧久賀町制五〇年の町誌編纂委員となって以降、町内各所の調査を始め旧久賀町の写真を沢山撮影しているが、そのうち前島の分は十数点ある。実際に訪問して撮影したものと、特徴的なものとして昭和四一年一二月二三日、ラジオ中国（ＲＣＣ、現中国放送）の取材ヘリコプターで前島上空を写したものとがある。ほか、日記などから確認できるのは三回、昭和二七年八月二六日、昭和二八年一月一〇日、昭和三九年一〇月五日に訪問している。写真の枚数こそ多くはないが、まずはこの宮本の写真を手がかりに前島の変遷をさぐる。

前島行

久賀港から前島航路に乗り、約一五分で前島に到着する。この海は幕末、長州征討の際に幕府軍の軍艦が宮島からやってきて碇泊し、高杉晋作の乗った丙《へい》寅丸《いんまる》が夜襲をかけた所でもある。島は南北に長く、その中央やや南よりに集落がある。集落は小高い丘を挟んで東西に分かれており、西岸に航路は到着する。船を下りて正面が「西の集落」で小高い丘に向かって家屋が点在する。自治会長さんのご案内のもと北に向かう。防潮堤に沿って歩いているとさっそく宮本が撮影した箇所である（九二頁右中）。山の大きさから判断するに、写真の家屋が今も残っているようである。防潮堤は今より背が低く、砂浜が望める高さであったことが分かる。防潮堤には漁具や竹竿が置かれているが、過疎化が進み、漁業人口の減った現在では見ることはない。

この防潮堤沿いの道を北へ少し進むと、右手に東の集落へ抜ける上り坂が現れる。現在でこそ、それな

上＝黄幡神社。右上の巨石が御神体である。
中＝前島神社の石段。神社は東西の集落に挟まれる形になっている。
下＝石垣は久賀の石工がついたという。
＊全てH28.9撮影

りの道幅があるが、整備されるまでは車一台がやっと通り抜けられる道幅であったという。この上り坂を登りきると東の集落を見渡せる丘である。ここに前島集落の掲示板や集会所などの施設がある。

上り坂を登り切る前に石段の参道が見える。前島神社である。祭神は素戔嗚尊《スサノオノミコト》であるが、島の開墾に私財をなげうって尽力した久賀の庄屋・伊藤惣左衛門が合祀されている。伊藤惣左衛門は安永～文政年間（一七七〇―一八二〇年代）の人物で、久賀に残る古波止《ふるはと》を築くなどの公共事業に関わり久賀発展の礎を築いた。境内の隅には恵比寿社があり、どちらも祭日は九月二〇日頃の日曜日となっており、久賀の八《やあ》田《た》八幡宮の宮司が神事をとりおこなう。現在神輿は出ないが、古くは西岸の砂浜で神事が行われ、神輿が海に投げ込まれる激しいものであったという。過疎化の進んだ現在は、神社の境内で神事が行われるのみで、お旅所が往時の名残をとどめる。昔は出店も立ち並んでいた。久賀の祭でも知られていた「三木の婆さん」なる人物が出店していた話を島の様々な人から聞いた。祭礼を見ても久賀との結びつきは深い。

島の大きい神社としてもう一つ黄幡《おうばん》神社がある。先の東の集落が見渡せる丘から北へ延びる道をしばらく進んだ所にある。竹藪が道の両脇を囲みうっそうとしているが、ところどころ道の左手にはみかん畑が見られ、往時は耕作地であったようである。道中、山へ登る道と分かれる。登る道は悪路のため上がることができなかったが、島の人の話によると、この頂上は桜の名所だという。戦前は高射砲が設置された場所であり、現在はヘリポートがある。松茸もよく採れたという話であった。

まっすぐ進むと間もなく神社である。鳥居から参道を下る形になっているのがこの黄幡神社の特徴であり、崩れた岩が御神体となっており岩の下に祠がある。この岩の下に大蛇が眠っているとされ、神は大蛇を使者として久賀の弁天様や西の明神様に遣わしていたという話が伝わっている。

丘へ戻って東の集落へ向かって下りていく。少し進むと宮本写真の撮影場所と比定される場所である（九二頁上）。宮本の撮影時には耕作地であった場所も海沿いの一部を除いて手が入らなくなってしまっている。鰯網の倉庫は解体され、別の建物が建っている。北側の波止は少し延び、南に波止が新設されているのが分かる。

さらに下りて北を臨むと奥に民家が並ぶ宮本写真の撮影箇所である（九二頁左）。宮本写真からは山の斜面に拓かれた耕作地や民家の様子がよく分かるが、今回の訪問では耕作地、民家とも確認は困難であった。他の島でも同様だが、前島も現在は空き家が多

在りし日の四本柱。海軍の艦砲射撃の目印として設置された。

く、手入れも行き届かないため、空き家、耕作放棄地とも草木で覆われつつある。

　また丘に戻って今度は前島神社の前の道を南下する。すると久賀小学校前島分校の跡地に至る。校門の銘と門柱が残っている。校舎は公民館として使われており、校庭には近年防災倉庫が設置された。前島の子供はここを卒業すると、スクールボート「むつみ」で久賀の中学校へ通った。

　悪路のため進めなかったが、さらに南下し南端の鼻に出ると四本柱という戦前海軍の射的の目標となった柱があった場所に出る。米軍統治下占領軍の指示で解体されたというが、今回その跡地は確認できなかった。

　元来た道を戻り、「西の集落」の中心を抜ける道を下りると最初に着いた桟橋である。短期間の滞在ではあったが、宮本写真と現在の景観を比較しつつ、現地の人の話を聞くことで、島の変遷の一端をうかがうことができた。地域の歴史を知る上で、自身の足で現地を歩くことはまず第一歩であるといえる。

島の歴史

　さて、『久賀町誌』によると、

「室町時代後期のものではない（か）と思われる五輪塔が一つと塔石が一つあり、黄番（幡）神社は久賀町文珠山に遠くない所にある、ゆうが様と同一形式の巨石信仰の一種であり、球形で非常に大きな花崗岩が山の斜面に半分のぞいていてこれを祀ってある。このような祀り方は近世に起ったものとは思えないから、前島に人が住みついたのは室町時代か或いはそれ以前に遡れるのではあるまいか」（『山口県久賀町誌』一九五四年、二五八頁）

とある。

つまり、室町時代には前島には人が住むようになっていたと考えてよさそうである。

また『ゆうの史跡・文化財めぐり』（由宇《ゆう》町郷土史研究会編、二〇〇七年）には玖珂《くが》郡由宇安楽寺の門徒が開墾し住み始めたと見える。江戸時代となって大島郡の御立山が設定され、久賀との関係が深くなっていった。「大島郡宰判本控」（岡本定『周防大島属島関係資料　前島』所収）では宝暦元年（一七五一）の記録に次のようなものがある。

「右大島郡久賀村前嶋之儀は往古御方判第一之雑木御立山ニ而椎木大木大竹抔茂有之殊之外宜御山ニ而御座候其已後追々御払山ニ御座候然処ニ往古人家無御座御山御制道難届御座候故先年久賀村御百姓之内三軒彼嶋江被居（据）置御立山廻り遂所勤来候処ニ追々子孫相分リ（後略）」

前島は以前、大島郡宰判第一の雑木がある御立山で、椎木・大木・大竹などが茂っており、思いのほか良好な山であった。以降だんだんと賃金を支払って林の木を伐採するようになっていった。以前は人家もなく、道の管理が行き届かなかったので、先年久賀村の百姓のうち三軒を前島に移住させ山の番をさせてきた。この三軒がだんだん子孫へと分かれていった。

由宇の人間はいつしかいなくなり、宝暦年間（一七五一—一七六四）よりも前には無人島となっていたものが、大島郡宰判第一の良好な藩有林の管理が行き届かないのを懸念し、久賀村の百姓を移住させて番をさせ、その子孫が分家していった様子が分かる。

人口増加に伴い耕作地を増やすために藩有林の間を開作していった。宮本の航空写真に見られる前島の棚田や段畑（九三頁）はこうした先人らによる開墾の歴史といってよい。先述の伊藤惣左衛門による開墾もこの流れによるものである。しかし、こうした努力があっても島の人の食糧や物資の不足は深刻であった。天保五年（一八三四）の記録である「御款申上候事」（前掲『周防大島属島関係資料』所収）に、

「（前略）渡世難相成ニ付他所船等江雇れ或は苫縄木綿等之手職又は落松葉等拾売方仕誠ニ乏敷渡世仕飢人御救之儀願出候」

（島の現状では）生活が成り立たないので、よそからやってくる船に雇われていく者、苫や縄、木綿などの手仕事をする者、落松葉などを拾って売ってそれぞれ生計を立てており、こうした窮状を救済していただくようお願い申し上げます。

島内では生活が成り立たなくなっているのである。この後、藩有林の刈り取られた跡地の開墾を再三にわたって願い出ている。こうした状況は明治になっても変わらなかった。大島同様、出稼ぎで生計を立てるしか方法がなかったのである。「明治三〇年ごろ、鰯網の権利を油良から買いとり、以後鰯網と農業の半農半漁で生きてきた」と『写真でみる久賀町』（久賀町、一九九四年）にはある。子供は貴重な労働力であり、授業を中断して鰯網を引いていた時代もあったという。写真に鰯網の倉庫が写っているのもうなずける。

インフラの整備も周防大島本島からは遅れ、島の生活は不便であった。昭和二九年（一九五四）に、ディーゼルエンジンの自家発電でようやく電気がもたらされた。海底送電によって本土なみの電化生活が実現するのは昭和四一年のことになる。昭和三七年の島人口は二一九人で、幕末期と比べても大きく変わりはないが、医療技術や生活改善を考慮すると増えていないと見るべきであろうか。島の人口減少は高度成長以降に急速に進む。それは他の島嶼部や中山間地にも見られる。そして郡市部への一極集中が顕著になっていく。

文献資料、特に古文書を中心として島の歴史をさ

ぐってみた。史料が書かれた背景を加味する必要があるが、古文書は残ってさえいれば、その年代が探れるのである。

写真をもとにした聞き書き

現地を歩くことや文献資料を読み解くことで、地域の歴史への理解の素地を固める。さらに、当時を生きた人から独自の体験を回想してもらうことで、理解もより深まる。そこに宮本写真という「民俗資料」を活用し、地域の人々に当時を回想してもらうことは、地方に所在する資料館の学芸員として、その地域の近現代の暮らしの文化史を学ぶことにもつながる。今回は幼少期に島に遊びに来、終戦後に前島に嫁いでこられ、島で近年まで民宿を開いておられた方に話を聞くことができた。

島での食事は戦後しばらくまでは、朝は芋粥か団子粥、昼は麦飯、夜は茶粥が基本であった。三食とも茶粥の家も多かったという。これに近海で獲れる魚が出る。茶粥や魚といった食文化も久賀との共通性が見られる。久賀同様、昭和三〇年代に農業構造改善事業で棚田からみかん畑への転作が始まったが、みかんの収入は思ったほど大きくなく、ほどなく止めてしまった家も少なくないという。訪問時にみかん畑をあまり見受けなかったのも、これが原因なのかも知れない。道が整備される以前は、潮が引いた時に海岸の石を伝って田を耕しにいく家もあった。

前島の産業の要は鰯網漁であった。鰯は傷みやすいので、網を引く時期になると島には取引先の船であふれたという。「西の集落」の海岸の砂浜でイリコ(煮干)を干していたが、乾燥機が入ってきて作業時間も短縮された。その他、タコやタイなどを獲っていた。高価なトリガイも獲れたという。その取引先は広範囲で、お歳暮の贈答や婚姻関係も対岸の久賀だけでなく、黒島《くろしま》、浮島《うかしま》、由宇など、周防大島近辺のあらゆる地域とやりとりがあったようである。結婚は、漁師の家同士ですることが多かった。

牛を飼う家もあり、棚田の貴重な労働力として島の中では家同士で融通しあうものであった。戦時中、借りてきた牛を米軍の機銃掃射で死なせてしまった家があったが、その家は持ち主と絶縁されてしまったという話も聞いた。それだけ牛は重要な存在であったのである。戦時中の話では、先に高射砲と四本柱について触れたが、当時は海軍の兵士も駐留し、探照灯や砲台が設けられていたこと、兵隊さんから堅パンをもらった思い出をうかがうことができた。

また、漁師の島であるため、島の人たちは信心深かった。神社のお祭りの時期になると、出稼ぎ連中も皆帰ってきて賑やかであったという。お話をしていただいた方は、巖島《いつくしま》神社の管絃祭《かんげんさい》には毎年宮島へ参拝していた。

子供は島内の保育所に入れ、すでに小学校の前島分校は廃校となっていたため、小学校からは定期船を使って久賀小学校に通わせた。島の子供にとっての遊び場所は砂浜であった。休みの日の子供は終日海や浜で遊ぶことが多かったようである。

このように、当時を知る人に宮本写真を見ながら回想してもらうことで、地域の歴史をより深く知ることができた。特に文献では知りえない当時の生の体験を語っていただけたことは非常に有意義であった。写真資料とこうした聞き書きは生活文化を学ぶ上で親和性の高いものである。当時の暮らしの記憶が残されている人からは、その「物」を通して思い出語りが立ち上がっていく。宮本常一が注目し、写真におさめた「物」は特に昭和三〇~五〇年代が中心であり、高度成長を経て日本の景観が激変していく時期と重なる。今後も宮本写真を用いた聞き書きを行いつつ、地域の生活文化を記録していく作業を進めていきたい。

付録　空からみた島々の変遷

付録

航空写真にみる島の姿

髙木泰伸

本書の最後に付録として、国土地理院によって公開されている航空写真を掲載した。周防大島諸島のうちで五つの有人島から、情島《なさけじま》（諸島《もろしま》を含む）、沖家室島《おきかむろじま》、浮島《うかしま》（頭島《かしらじま》を含む）、笠佐島《かささじま》の四島を中心にまとめた。一九四〇年代のものはいずれも占領期のアメリカ軍による撮影で、以降は国土地理院によるものである。

宮本常一は「空から見下す地上の風景は私に無限の夢をさそう。（中略）青い大海の中に浮ぶ島に人家を見出すと、「どうしてこのような島に住みついたのだろう。そしてどういう生活を立てているのだろうか」と考えてみる。「この島に最初に住みついた人はどういう人なのか。妻はどのようにして求めたのか。子供たちはどんな生活をたてていったのだろうか」などと考えてみる」（『空からの民俗学』岩波書店、二〇〇一年、三頁）と記している。宮本は、人びとの営みを知るために空からみた景観を重視し、調査の打ち合わせでは航空写真を見ながら、その土地の暮らしに思いを馳せていたという。

渋沢敬三に促されて昭和三三年（一九五八）七月に、はじめて瀬戸内海を上空からみた宮本は、その時の印象を次のように述べている。

この時の感激は忘れられない。苦心して渡り、リュックサックを背負って歩いた一つ一つの島山が眼下に見える。その景観の中に開拓してそこに住みついた人びとの生き方と、生き方の歴史がきざまれているのである。

歴史は記録や遺物や生活伝承の中にあるばかりでなく人文景観の中に法則と秩序をもって存在しているのである。それは上から大観してはじめてわかったことであった。


（『瀬戸内海の研究（一）』未來社、一九六五年、七一七頁）


これ以降、本書掲載のものを含め、宮本はしばしば空からみた島々の姿をカメラに収めている。

以下に掲げる一六枚の写真は、宮本の視点を補うもので、本書に収めた「宮本常一の風景」を今一度空から俯瞰する意図で付け加えたものである。

一九四〇年代には、「耕して天に至る」といわれる言葉がぴったりなほど、山頂まで耕地が広がっている。美しい縞模様の向う側には、当時の人たちのまさに生存をかけた辛苦があったことが想像される。

一九六〇年代後半から八〇年代にかけて、港や道路が整備されていく様をみることができる。離島振興計画に基づく沖家室大橋の建設、浮島と頭島との架橋はまさにこの時期であり、前者については宮本も架橋に向けて強力な後押しをしたことで知られる。

一方でこの頃から段々畑が緑に覆われていき、二〇〇〇年代に入ると、こんもりとした木々が島を覆っている。一九四〇年代をピークとして拓かれた島々が、戦後の公共インフラの整備をみながらも、徐々に人々の自然との関わり方が後退していった様子がつぶさに見て取れる。

この他、戦後の島々の風景の変遷は読者によって印象は異なるであろうし、また様々な発見があるだろう。航空写真と宮本写真をあわせて、小さな島のたどった固有の営みを感じていただければと思う。

情島・諸島　上＝1948.2.18(S23)／下＝1965.9.8(S40)

情島・諸島　上＝1981.10.4(S56)／下＝2006.5.24(H18)

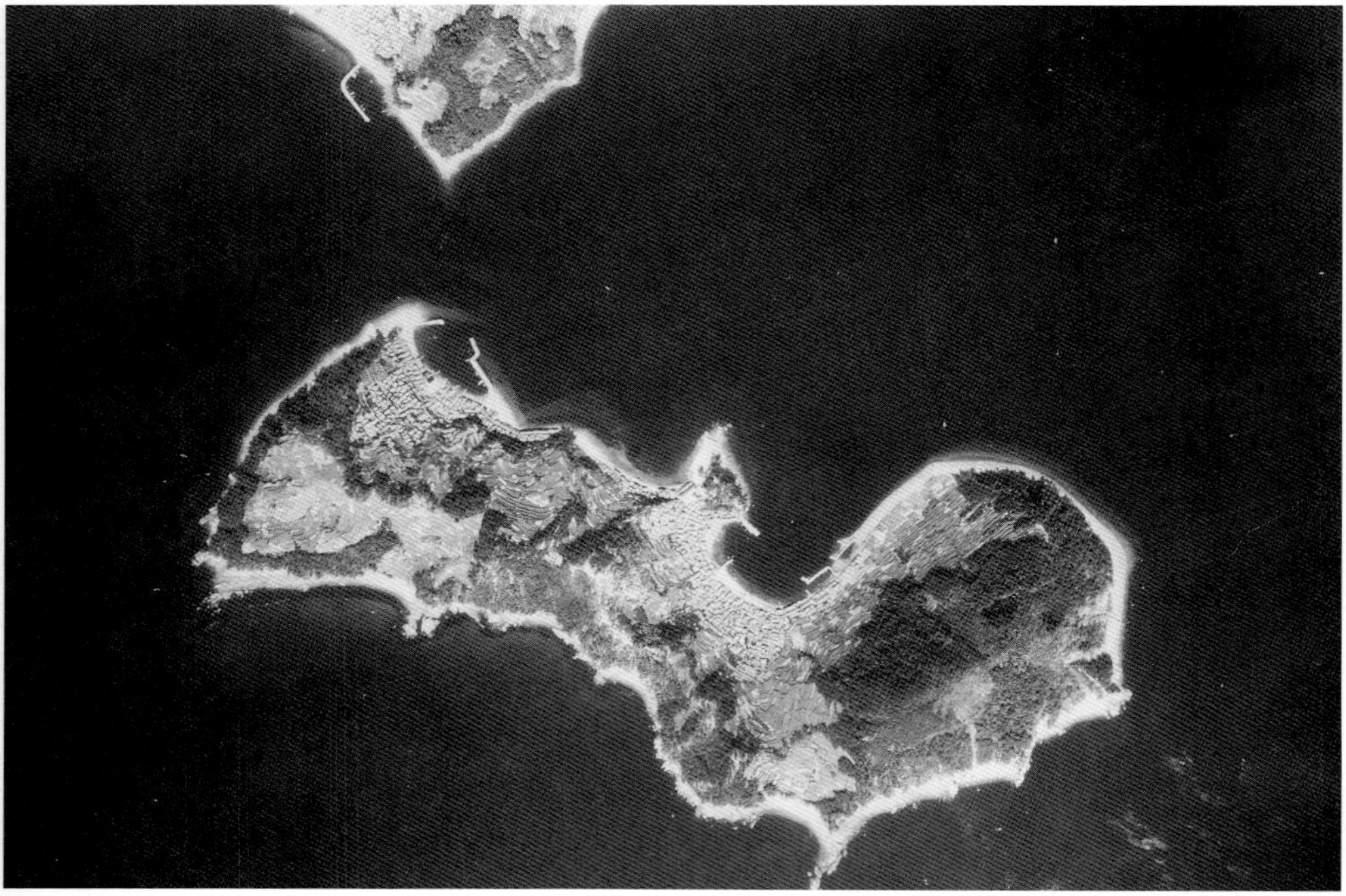

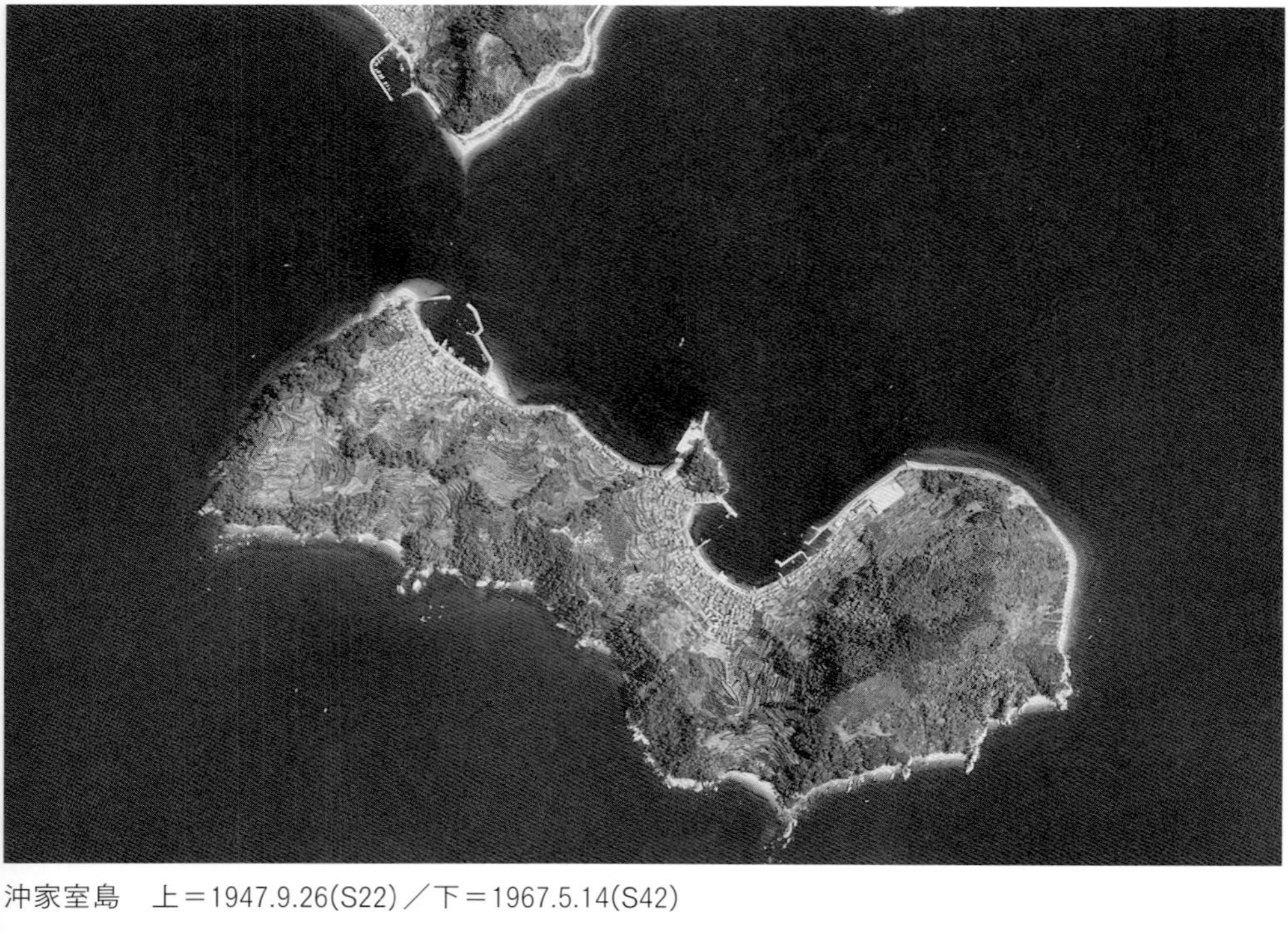

沖家室島　上＝1947.9.26(S22)／下＝1967.5.14(S42)

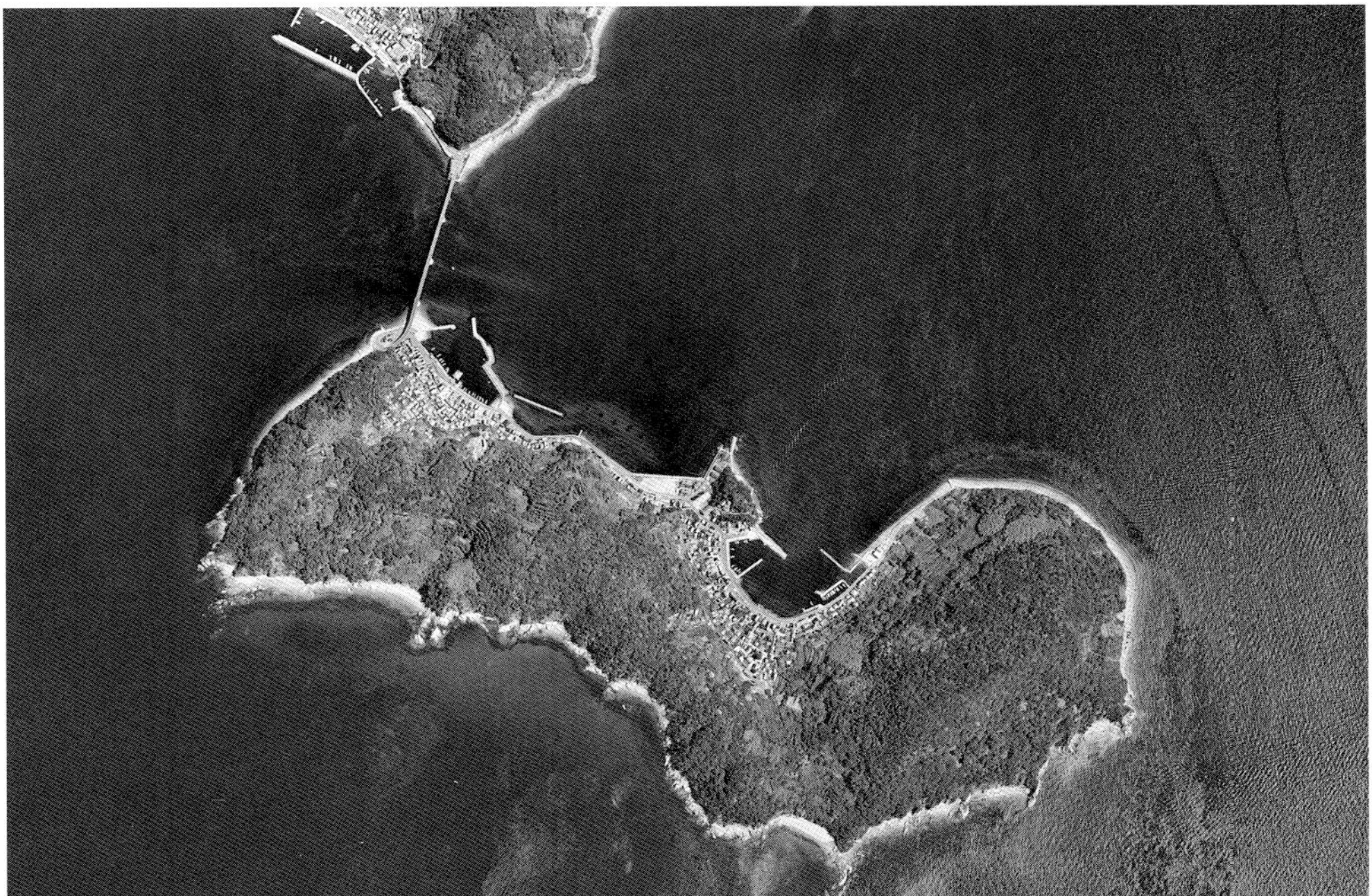

沖家室島　上＝1981.9.16(S56)／下＝2004.5.14(H16)

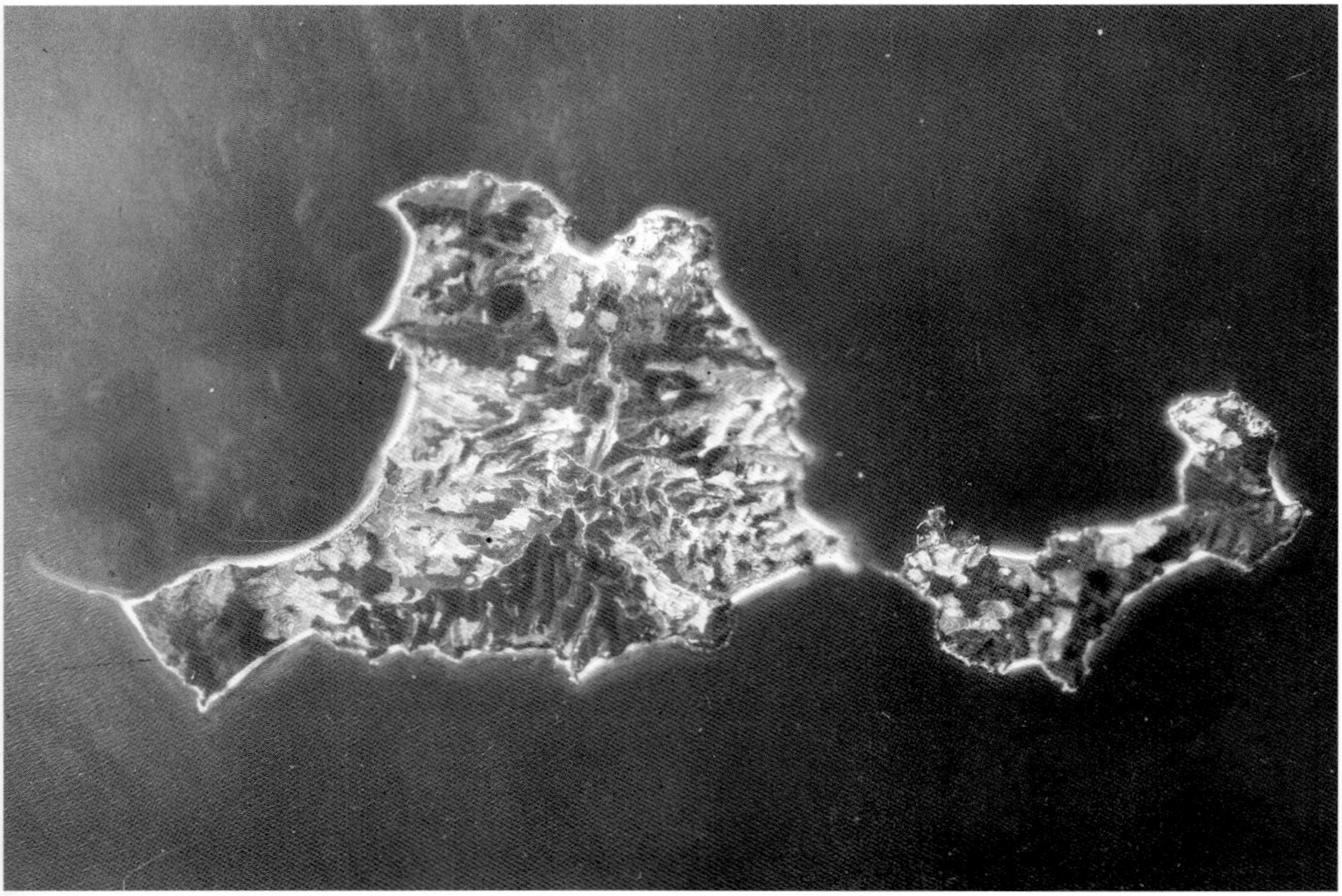

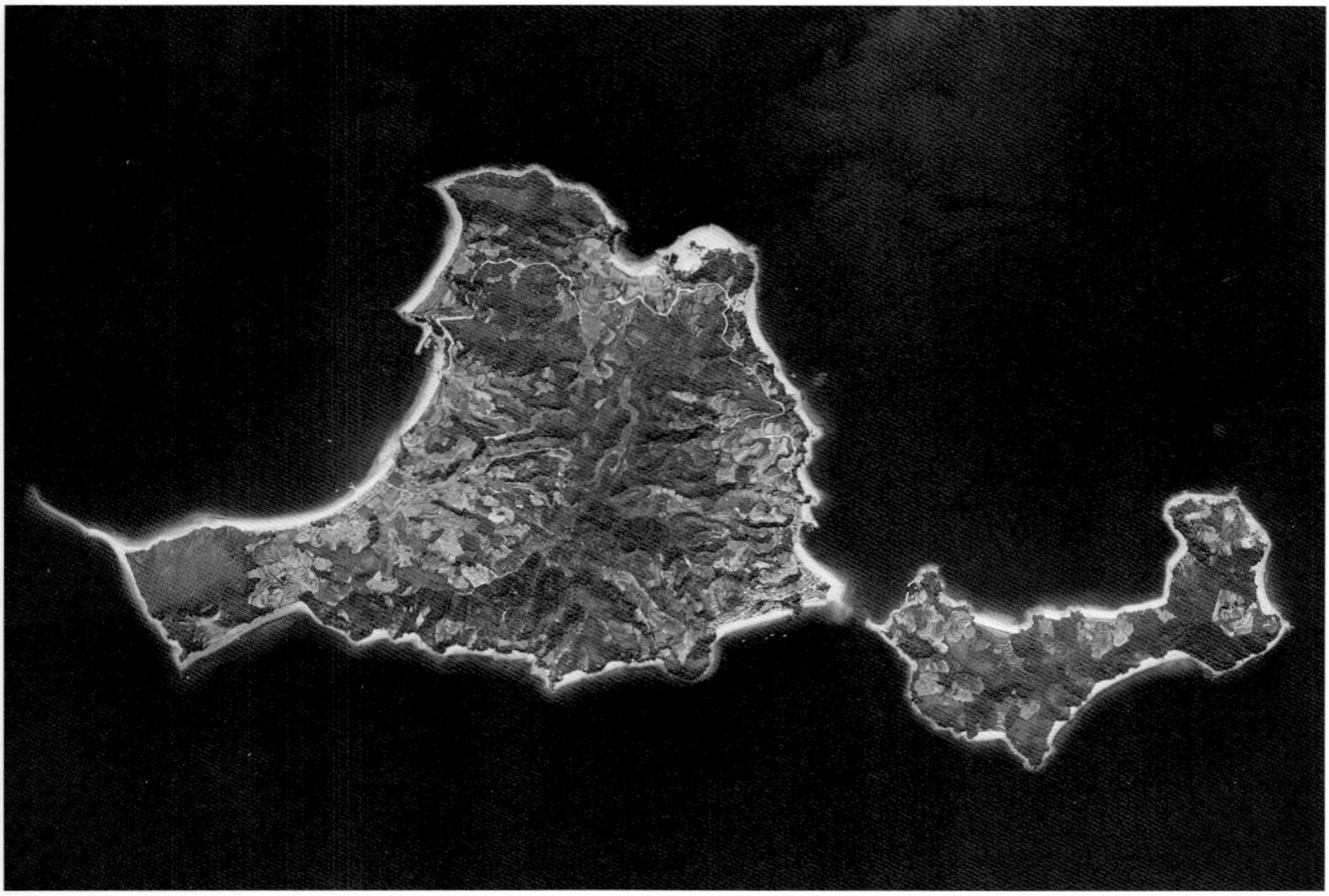

浮島・頭島　上＝1948.2.18(S23)／下＝1967.5.23(S42)

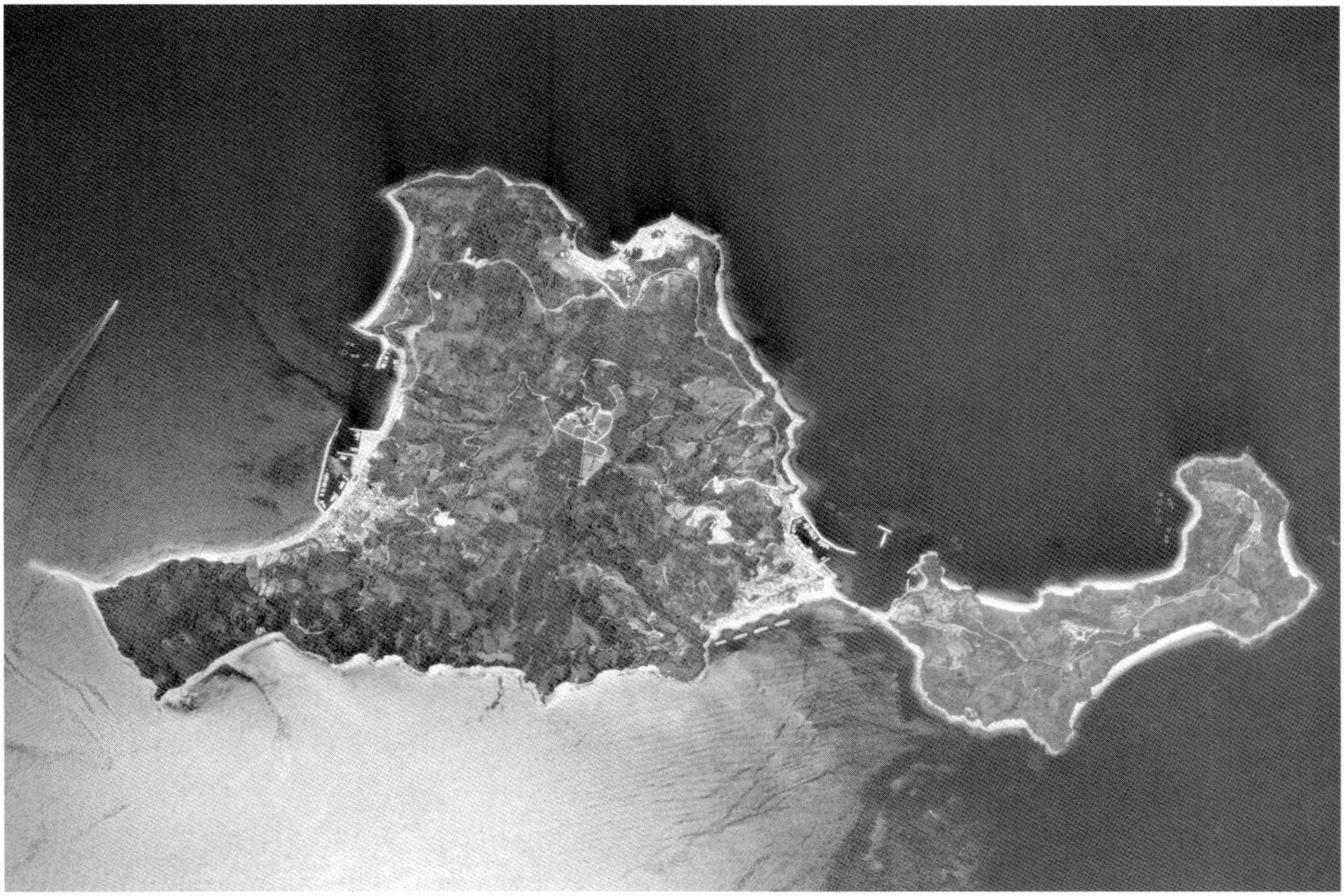

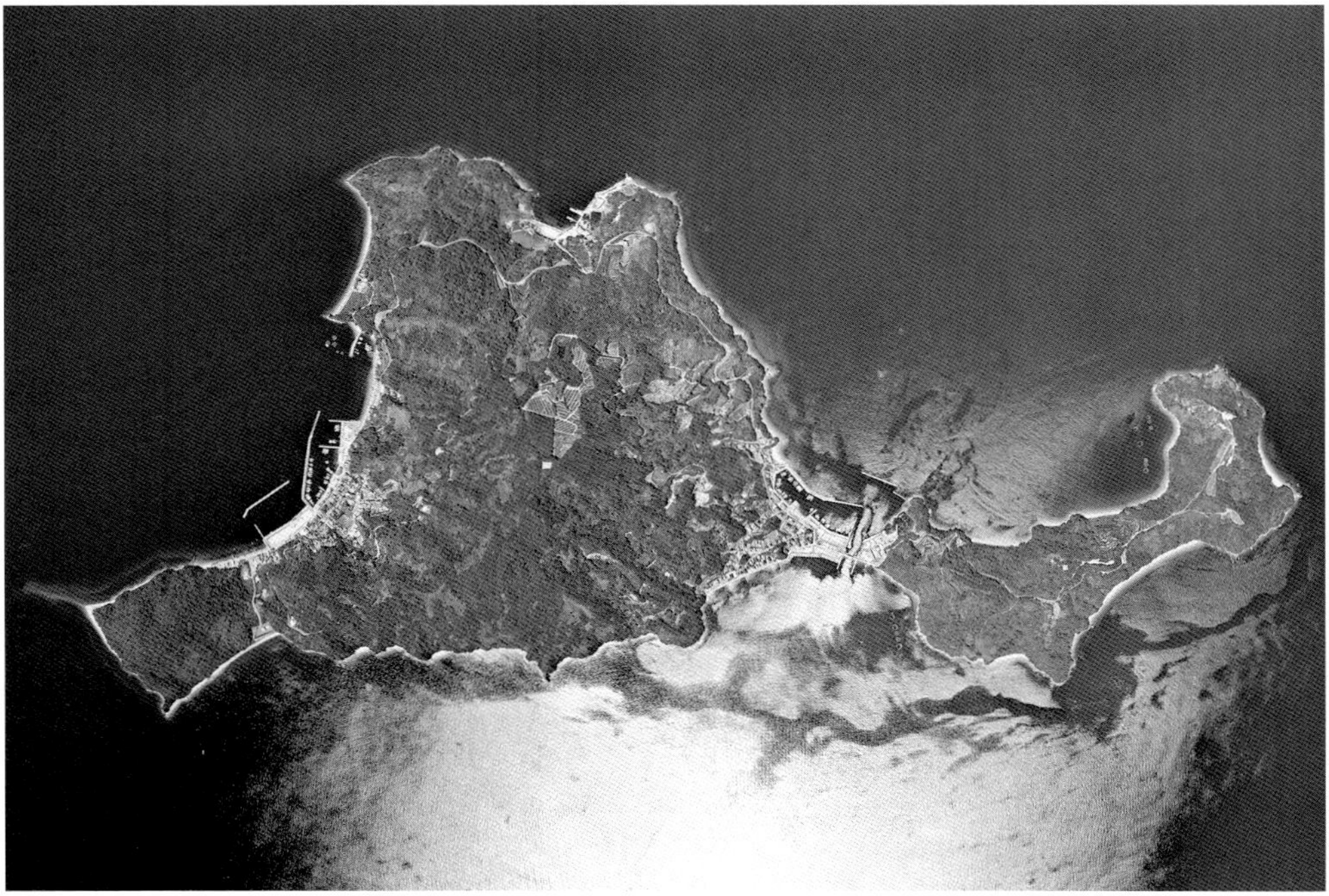

浮島・頭島　上＝1990.5.20(H2)／下＝2004.5.24(H16)

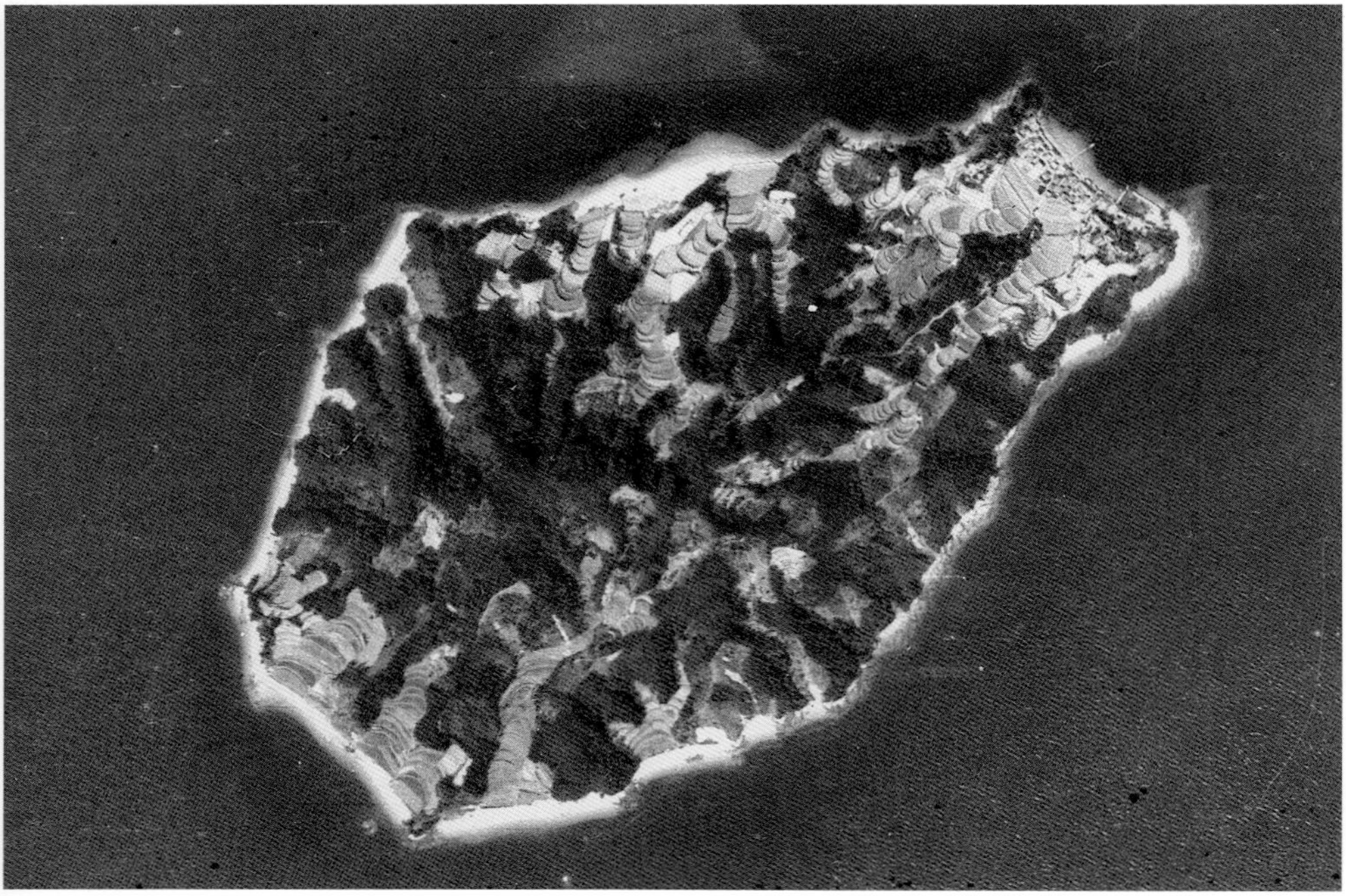

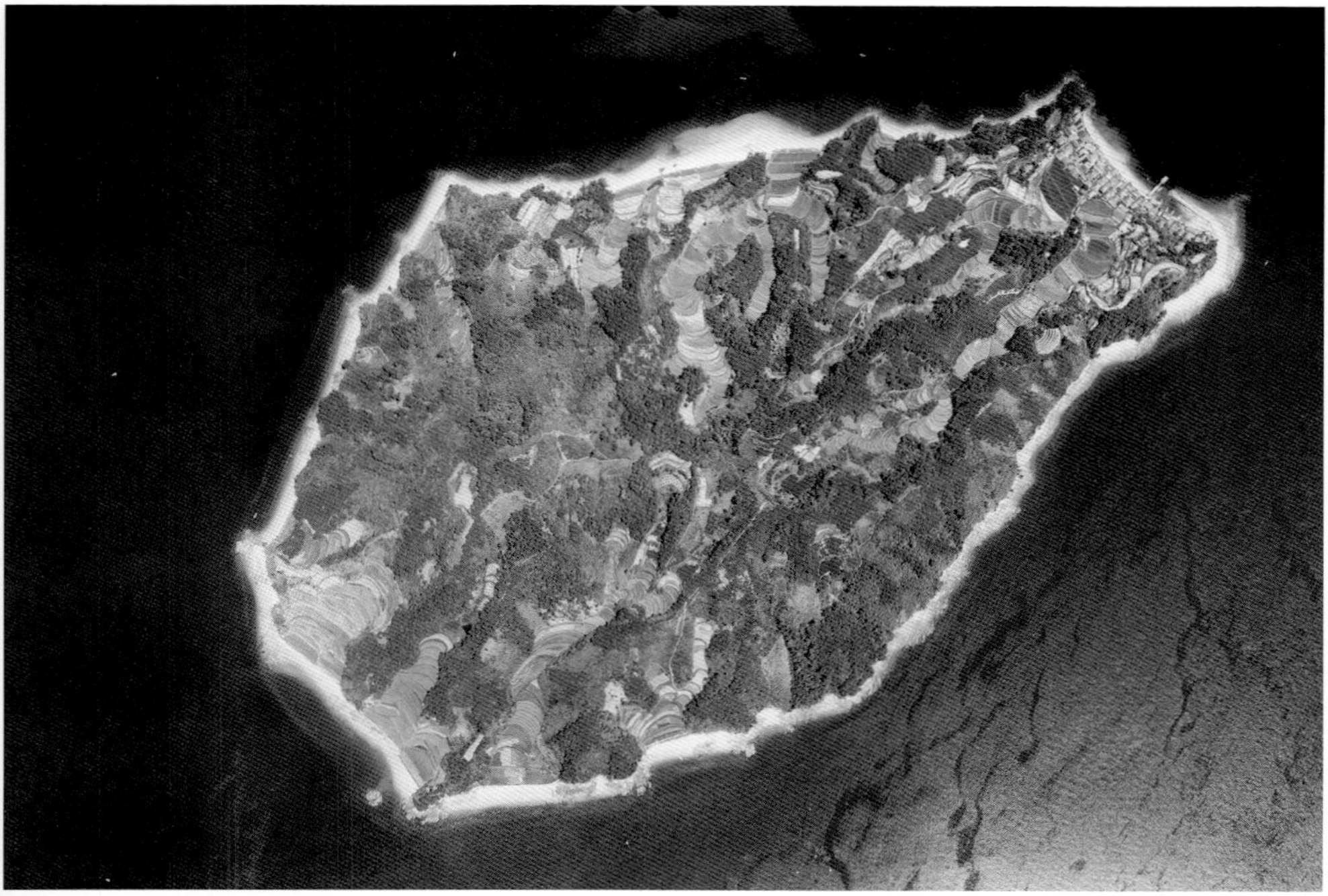

笠佐島　上＝1947.3.12(S22)／下＝1962.5.16(S37)

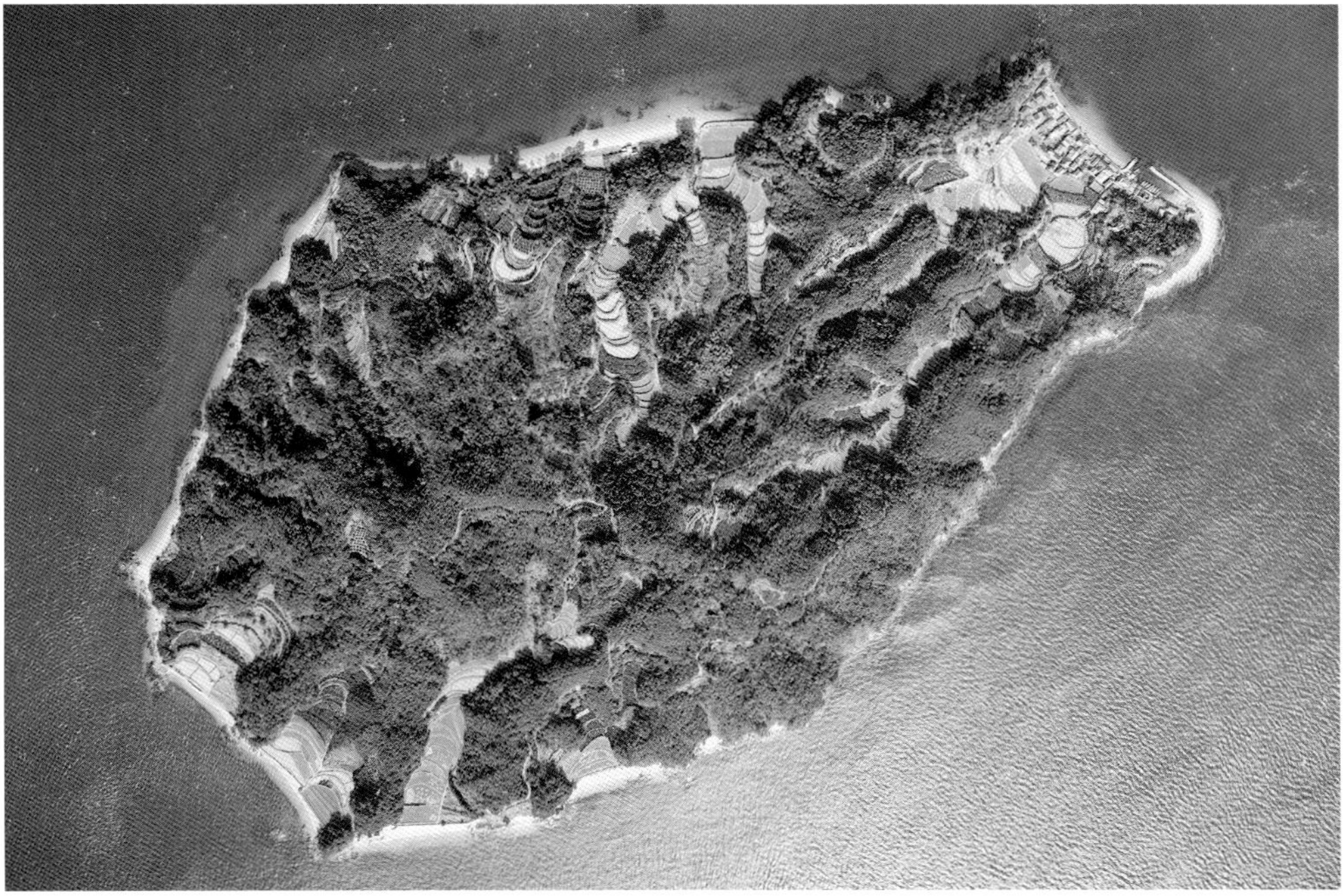

笠佐島　上＝1975.2.12(S50)／下＝2008.5.6(H20)

あとがき――全三巻の編集を終えて

髙木泰伸

宮本常一の周防大島写真資料集を、周防大島町合併、および周防大島文化交流センター開館一〇周年の企画に据えた時には、刊行へ向けた勢いがあって、その勢いのままに第一巻の東和編を出すことができた。故郷であるこの地において宮本常一は、東和町誌の編纂を進め、そのなかで写真資料編、あるいは『私の日本地図』のように写真をふんだんに使った巻の編纂を企図していたのかと思うほどに、各集落ともにくまなく写真が残されていた。膨大な写真群から慎重に選定しながらも、それまでの調査の助走を生かし、どこか一気呵成に駆け抜けるような編集であった。

第二巻の久賀・橘・大島編の編集には悩みが多かった。写真の地域的な偏在が顕著であり、特に安下庄の写真は、宮本がカメラを本格的に用いるようになった昭和三〇年代よりも前に調査していることもあって、思いのほか少なかった。そこで、地元の滝本写真館が制作した写真をコラムの形で収録し、資料館としてのセンターの活動を紹介するようにした。このような取り組みを広く紹介したことで、地域写真の集積とデジタル化をさらに進めることができ、本年度は大島歴史民俗資料館所蔵資料の整理を行い、それを活用した「大島大橋架橋四〇周年特別展示」、および「企画展示　塩と日本人」を開催した。地域写真をあわせて展示することで、地元にもいっそう関心を持っていただけるような企画ができたのではないかと思っている。

そして、この第三巻の編集には特に工夫を要した。渡船場や地域的なつながりなどを考慮すると既刊のものにあわせて二巻に収めることもできたかもしれない。前提となる写真点数も既刊の二巻よりも少なく（それでも五〇〇枚以上はあるのだが）、ましてや出版事情が厳しい今日にあって周辺諸島だけの巻では出版社に迷惑をかけるのでは、との懸念もあった。だが、それぞれの島としての個性を重視する編集方針を採用して、周防大島本島とのつながりはキャプションやコラムで補うことにした。そうすることで、島の暮らし全体をつかもうとした宮本の視点をパノラマ写真としても随所に紹介できた。また小島のさらに属島の歴史も語ることができ、何よりも宮本も頭を悩ませた過疎問題という現在進行形の課題も射程に組み込むことができたのではないかと思う。

島々は人口の増減、そして無人化の繰り返しであったといってよい。その歴史をみると、わずかでも利用すべき資源があれば人為的に利用され、そして再び自然が島を覆っていく。いま人と自然との境界が再び揺れ動き、モウソウダケが畑を覆う竹害や、イノシシが作物を荒らす獣害、そんな苦労話を聞くと、歴史のサイクルの中に現行の諸問題も位置付けられるのかもしれないと思えてくる。その歴史の流れの中に周囲の現象、そしてこの土地で暮らす自分自身を位置づけ、どこか達観したように見つめたいと思う。しかし一方で、車道を竹が覆いイノシシに並走され、自ら植えた作物が獣害にあった時には、それを客体としてとらえるような安穏とした気持ちではいられなくなる。集落内の今にも崩れそうな空き家をみれば、近所のお年寄りが手押車で散歩しているときに崩れないだろうかと不安にさえなる。

では、島に暮らす人たちが暗いものだけをもって生活しているのであろうか。若者たちは海の楽しさを知っていて、魚釣り談議に花が咲く。祭りになれば、「昔はもっと賑やかだったのにのぉ」と言いながらも、年寄りたちは若者と「まぁ呑め、呑め」と賑やかに酒を酌み交わし、女性たちは子供をあやしながら朗らかに語らう。職場近くを散歩する孫を連れた老人に挨拶をすると「そう、人間は明るうなけりゃぁいけん。灯りがなかったらムシも寄ってこんけぇのぉ」と冗談交じりの人生論が返ってくる。現実から逃げているのではなく、それを受け止めつつ、日々の暮らしのなかでの豊かさも味わっている。宮本常一は地域の厳しい側面を見つめながらも、そのような人びとの明るさにこそ未来へとつながる光を見出そうとした。あるいはそのような営みを丸ごと記録していこうとした。本書に収録した写真からは、まさに宮本のそのようなまなざしが、よりはっきりとうかがえるのではないかと思う。

さて、この刊行企画では多くの方にお世話になった。森本孝氏、須藤護氏、印南敏秀氏には、自らのご経験や研究成果を交えながら宮本常一の視座を読み解く文章を寄せていただいた。福田忠邦氏、佐藤正治氏にはその土地に暮らす人の視点で語るコラムをご執筆いただき、久賀歴史民俗資料館（八幡生涯学習のむら）の徳毛敦洋氏には地域に根ざした資料館での活動を踏まえつつ執筆してもらった。また紙幅の都合からお名前を挙げることはできないが、当館ボランティアの地域交流員のみなさんをはじめ、地域の方々には調査に参加していただき、いろいろな話を聞かせていただいたことに感謝している。本書もまた日々の資料館活動の成果であり、それを理解していただく方があったからこそ成り立った企画である。

最後に、全三巻を初心貫徹の精神で編集いただいた、みずのわ出版の柳原一德氏にお礼を申し上げたい。後世に残る本を作るという氏の情熱がなければ、本書はまた別物になっていたと思う。

【編】

周防大島文化交流センター（宮本常一記念館）

二〇〇四年（平成一六）開館の社会教育施設。全国の自然環境や農山漁村に関する資料を収集・活用する。宮本常一文庫（蔵書約二万点、原稿・調査ノートなど約六〇〇〇点、写真約一〇万点）をはじめ、民具など一次産業や日本人の暮らしに関する資料を収蔵。特に宮本関係資料はデータベース化して公開し、展示などにも活用している。『宮本常一農漁村採訪録』（宮本の聞書ノート）を現在まで一八冊刊行。その他、『宮本常一写真図録』『宮本常一離島論集』（みずのわ出版）、『宮本常一写真・日記集成』（毎日新聞社）などの各種の編集・資料提供を行う。

【写真】

宮本常一――みやもと・つねいち

一九〇七年（明治四〇）～一九八一年（昭和五六）。山口県周防大島に生まれる。柳田國男の『旅と伝説』を手にしたことがきっかけとなり、柳田國男、澁澤敬三という生涯の師に出会い、民俗学者への道を歩み始める。一九三九年（昭和一四）、澁澤の主宰するアチック・ミューゼアムの所員となり、五七歳で武蔵野美術大学に奉職するまで、在野の民俗学者として日本の津々浦々を歩き、離島や地方の農山漁村の生活を記録に残すと共に村々の生活向上に尽力した。一九五三年（昭和二八）、全国離島振興協議会結成とともに無給事務局長に就任して以降、一九八一年一月に七三歳で没するまで、全国の離島振興運動の指導者として運動の先頭に立ちつづけた。また、一九六六年（昭和四一）に日本観光文化研究所を設立、後進の育成にも努めた。『忘れられた日本人』（岩波文庫）、『宮本常一著作集』（未來社）、『宮本常一離島論集』（みずのわ出版）他、多数の著作を遺した。宮本の遺品、著作・蔵書、写真類は遺族から山口県東和町に寄贈され、現在は周防大島文化交流センターが所蔵している。

【監修】

森本孝――もりもと・たかし

一九四五年（昭和二〇）生。立命館大学法学部卒業後、宮本常一が主宰した日本観光文化研究所で、伝統木造漁船・漁具の調査収集や、『あるくみるきく』の編集、執筆に参画した。現在は漁村社会・文化の専門家として、途上国の漁村振興計画調査に従事。著書・共著に『海の暮しとなりたち』（ぎょうせい）、『東和町誌　各論編第三巻　漁業誌』（山口県東和町）、『舟と港のある風景』（農山漁村文化協会）、編著に『鶴見良行著作集』第一一・一二巻「フィールドノートⅠ・Ⅱ」（みすず書房）、『エビと魚と人間と　南スラウェシの海辺風景――鶴見良行の自筆遺稿とフィールド・ノート』（みずのわ出版）。

【執筆】

髙木泰伸――たかき・たいしん

一九八一年（昭和五六）熊本県生。広島大学大学院文学研究科博士課程前期修了。二〇〇九年（平成二一）より周防大島文化交流センター学芸員。山口県史編さん執筆委員。論文に「宮本常一写真の社会的活用」（『比較日本文化学研究』第六号）など。

徳毛敦洋――とくも・のぶひろ

一九八三年（昭和五八）広島県生。広島大学大学院文学研究科博士課程前期修了。呉市史編纂室嘱託勤務を経て二〇一三年（平成二五）より八幡生涯学習のむら（久賀歴史民俗資料館）学芸員。主として久賀地域の歴史民俗の伝承活動を行う。論文に「久賀写真展『昭和三十年代の久賀と現在』を終えて」（『文化と交流』№３）など。

山根一史――やまね・かずふみ

一九八一年（昭和五六）生まれ。山口県周防大島出身。奈良大学大学院文学研究科文化財史料学専攻博士前期課程修了。二〇一三年（平成二五）より周防大島文化交流センター学芸員。編著書等に『宮本常一農漁村採訪録』16～18、「地域と博物館・資料館の連携について考える――写真巡回展を通じて」（『文化と交流』№３）など。

宮本常一の風景をあるく　周防大島諸島

二〇一七年三月三十一日　初版第一刷発行

編　者　周防大島文化交流センター
写　真　宮本常一
監　修　森本　孝
発行者　柳原一徳
発行所　みずのわ出版
山口県大島郡周防大島町
西安下庄、庄北二八四五　〒七四二―二八〇六
庄区民館二軒上ル
電話　〇八二〇―七七―一七三九（F兼）
E-mail mizunowa@osk2.3web.ne.jp
URL http://www.mizunowa.com

印　刷　株式会社 山田写真製版所
製　本　株式会社 渋谷文泉閣
装　幀　林 哲夫
プリンティングディレクション　高 智之・黒田典孝
（㈱山田写真製版所）

Printed in Japan
ISBN978-4-86426-030-5 C0336

ISBN978-4-86426-030-5 C0336 ¥2500E

みずのわ出版　定価：本体 2,500 円＋税